걷기 위한 길
걸어야 할 길

걷기 위한 길   걸어야 할 길

김기석

비아
토르

3부 자유롭게 부는 바람처럼

4부 칼날 위를 걷듯 조심스럽게

나의 옛 흙들은 어디로 갔을까

땡볕 아래서도 축축하던 그 마당과 길들은 어디로 갔을까

나의 옛 개울은, 따갑게 익던 자갈들은 어디로 갔을까

나의 옛 앞산은, 밤이면 굴러다니던 도깨비불들은 다 어디로 갔을까

런닝구와 파자마 바람으로도 의젓하던 옛 동네어른들은 어디로 갔을까 누님들, 수국 같던 웃음 많던 나의 옛 누님들은 다 어디로 갔을까

나의 옛 배고픔들은 어디로 갔을까 설익은 가지의 그 비린내는 어디로 갔을까 시름 많던 나의 옛 젊은 어머니는 나의 옛 형님들은, 그 딴딴한 장딴지들은 다 어디로 사라졌을까

나의 옛 비석치기와 구슬치기는, 등줄기를 내려치던 빗자루는, 나의 옛 아버지의 힘센 팔뚝은, 고소해하던 옆집 가

시내는 어디로 갔을까

나의 옛 무덤들은, 흰머리 할미꽃과 사금파리 살림들은
어디로 갔을까

나의 옛 봄날 저녁은 어디로 갔을까 키 큰 미루나무 아래
강아지풀들은, 낮은 굴뚝과 노곤하던 저녁연기는

나의 옛 캄캄한 골방은 어디로 갔을까 캄캄한 할아버지
는, 캄캄한 기침소리와 캄캄한 고리짝은, 다 어디로 흩어
졌을까

나의 옛 나는 어디로 갔을까, 고무신 밖으로 발등이 새카
맣던 어린 나는 어느 거리를 떠돌다 흩어졌을까[1]

　　김사인의 이 시를 읽다가 나도 모르게 시간 여행을 하
게 되었다. 새끼줄에 깡통을 매달고 온 동네를 뛰어다니
면서 '영화, 영화, 영화, 시네마스코프, 박문수 영화'를 외
치던 어린 시절 하며, 비 오는 날 뒤란으로 난 쪽문을 열고
하염없이 내리는 빗방울을 헤아리다가 '나는 왜 옆집의 중
섭이가 아니고 나인가?'를 묻고 또 묻던 내 모습이 떠오르
고, 왕겨 불 위에 쑥대를 얹어 모기를 쫓던 여름날, 어머니
의 무릎을 베고 누워 올려다보던 쏟아질 듯하던 은하수가
떠오르고, 라디오 연속극을 듣기 위해 모여들던 동네 사람
들의 느린 발걸음이 떠올랐다. 그들은, 그 시절은 어디로

간 것일까? 저녁이면 건넌방에 지어 놓은 짚둥우리 속에서 고구마 두어 개 훔쳐 내어 옆집 친구를 찾아가던 누이들의 잰 발걸음은 어디로 간 것일까?

여기까지 오는 동안 참 많은 것들과 작별하며 살아왔다. 슬픔과 상실감을 안겨 준 작별도 더러 있었지만, 의식조차 못 하는 사이에 슬그머니 내 곁을 떠난 것들이 대부분이다. 어린 시절의 거창했던 꿈들도, 젊은 날 나를 온통 사로잡았던 허무감도 온다 간다 말도 없이 가 버리고 말았다. 가끔 그때가 그리운 것을 보면 허무감에도 달콤함은 있었던 모양이다. 생각해 보면 삶이란 빛과 어둠, 희망과 좌절, 기쁨과 슬픔, 충만과 무력감이 갈마드는 과정인 것 같다. 그 모든 과정의 한복판에는 만남이 있다. 누구를 어떻게 만났느냐가 지금 내 삶의 풍경을 규정짓고 있다. 세상의 모든 것은 한 뿌리에서 왔다는 말이 있지만, 나의 주체라는 것도 알고 보면 타자와의 관계를 통해 형성된 것임이 분명하다. '나'라는 존재 속에는 타자의 흔적이 새겨져 있다. 그중에는 스치듯 지나간 이도 있고, 지속적으로 영향을 미치는 이도 있다. 그런 이들을 가리켜 '중요한 타자'라고 한다지 않는가?

인생은 길이다. 지나치게 단순화시킨 것처럼 들리기도 하지만, 길을 떠난 삶은 상상할 수 없다. 어떤 때는 환히 열린 길을 콧노래를 부르며 걷지만, 어떤 때는 막힌 길 앞에서 울기도 한다. 갈림길 앞에서 서성일 때도 많다. 어느 길을 택하느냐에 따라 삶의 내용이 갈린다. 로버트 프로스트의 말처럼 걷지 않은 길이 어쩌면 더 좋은 길이었을지도 모른다는 생각에 후회할 때도 많다. 갈림길을 만나면 울었다는 묵자의 마음도 알 것 같다. 루쉰은 갈림길을 만나면 잠시 자리에 퍼질러 앉아 담배 한 대를 붙여 물고 지금까지 걸어온 길을 천천히 돌아보겠다고 했다. 그리고는 가야 할 길을 택해 후회 없이 걷겠다고 말한다.

초대교회 교인들의 별명은 '그 길을 걷는 사람들'이었다. 그 길은 물론 예수라는 길이다. 예수를 믿는다는 것은 예수의 길을 나의 길로 삼아 살아가는 것이다. 길에 대해 생각할 때마다 나는 넘실거리는 요단강 물에 첫발을 내디딘 제사장들의 가슴 서늘한 결의를 떠올린다. 물론 풍랑이 이는 바다를 걷겠다고 나섰던 베드로의 비상한 마음도 떠오른다. 길이 있어서 걷는 것이 아니라, 걷는 이가 있어서 길이 생긴다지 않는가? 그런 의미에서 "완벽한 지도가 있어야 길을 떠날 수 있는 것은 아니다"라고 말했던 한비야가 참 고맙다. 삶의 자세를 가다듬게 해 주기 때문이다. 그녀는 새로 시작하는 길을 거친 약도와 나침반만 가지고 떠난다 했다. "길을 모르면 물으면 될 것이고 길을 잃으면 헤매면 그만이다." 이런 홀가분함을 가지고 산다면 두려울 것이 없겠다.

내가 스스로 택하여 이 세상에 온 것은 아니지만, 이제 가야 할 곳은 알고 있다. 세상의 어디를 향해 걷든 그 여정이 내 삶의 중심이신 그분을 향하기를 소망한다. 그 여정은 평화와 생명 섬김을 통해 단단해질 것이다. 좋은 사람들과 만나고, 세상과 부딪치면서 우리는 길을 만들며 살고 있다. 내가 택한 길은 하나지만, 그 길은 다양한 곳을 향해 열려 있다. 그것은 내면일 수도, 공동체일 수도, 사회일 수도 있다. 기왕이면 단정하게 걷고 싶다. 내가 걸어온 길이 누군가에게 좋은 이정표가 될 수 있다면 좋겠다. 그 길이 하나님과 사람 사이를, 사람과 사람 사이를, 사람과 자연 사이를 이어 줄 수 있다면 더할 나위 없겠다. 지나간 모든 것은 사라진 것처럼 보이지만 사실은 보이지 않는 길이 되어 내 속에 들어와 있다. 그렇기에 '나'는 바로 '너'다. 이 이치를 조금씩 깨닫고 있다. "이제사 비로소/ 두 이레 강아지만큼/ 은총에 눈이 뜬다"[2]고 노래했던 구상 선생의 마음을 조금은 알 듯도 하다.

여기에 모은 글들이 그런 '중심 찾기'의 몸부림이라고 생각해 주면 좋겠다. 이 책의 시작은 오래 전 월간 〈기독교사상〉의 한종호 편집장이 글 연재를 부탁하면서부터였다.

무슨 글을 써야 하느냐 물으니 아무거나 자유롭게 쓰란다. 그러면서 꼭지의 제목을 "김기석의 하늘·땅·사람 이야기"라고 잡아 놓았다. 참 과분한 제목이었다. 나는 살아가면서 길에서 만난 이들과 대화하는 마음으로, 때로는 편지를 쓰는 마음으로 글을 적어 나가기 시작했다. 어쩌면 이것이 내 인생의 지도 그리기의 한 과정이었는지도 모르겠다. 귀한 기회를 주신 한종호 편집장, 지금의 꽃자리 출판사 대표에게 감사한다. 그리고 보잘것없는 글을 책으로 엮어 출간하더니 절판된 책에 다시 생명을 불어넣어 비아토르에서 출간해 준 김도완 대표에게 감사한다. 매번 내 책을 편집하고 디자인하는 이은진, 임현주 님에게 감사한다. 늘 곁에 있으면서 강력한 지지자가 되어 주는 아내 김희우에게도 감사한다. 그리고 길벗이 되어 이야기를 나누고, '그대'가 되어 편지를 받아 주신 익명의 독자들께 감사한다.

　오래전에 출간된 책을 겉옷만 바꿔 다시 내놓는 일은 참 민망한 일이다. 그럼에도 전면 수정할 마음의 여유가 없고, 그 당시에 고민했던 것들이 크게 바뀌지 않았다는 사실을 핑계 삼아 발행인의 요구를 받아들였다. 독자들의 양해를 구한다.

2020년 8월 마지막 날에

스스로 길이 된
사람

베르나르 올리비에라는 고집쟁이 영감의 책을 읽었습니다. 《나는 걷는다》라는 책 제목이 워낙 도발적이어서 손에 잡았는데, 책이 그려 내는 삶의 이야기가 저를 놓아주지 않았습니다. 그는 터키 이스탄불에서 중국 시안에 이르는 1만 2천 킬로미터의 실크로드를 걸었습니다. 그것도 60세를 넘긴 나이에 말입니다. 무모한 여정이었습니다. 그가 직면했던 어려움은 상상 이상이었습니다. 육체적 고통, 강도, 강도와 다를 바 없는 군인과 경찰 들, 질병, 외로움, 그리고 포기하고 싶은 유혹…. 무엇이 그를 그런 극한의 상황으로 내몰았는지 모르겠습니다. 아니, 내몰았다는 말은 적절치 않겠네요. 어떤 그리움이 그를 그 길로 소환했을까 묻는 것이 낫겠습니다. "인생의 세 번째 시기에 나는 느림과 침묵에 굶주려 있다"[3]는 그의 고백에 저는 고개를 끄덕였습니다. 목사로 살면서 참 어려운 것은 채 무르익지도, 고이지도 않은 말들을 퍼내야 한다는 사실입니다. 때로는 침묵이 웅변보다 더 많은 것을 전달하는 줄 알면서도 침묵을 선택하지 못하는 부실한 제 믿음이 저를 괴롭힙니다.

며칠 전 한 절친한 후배의 편지를 받았습니다. 그는 3박 4일 동안 침묵 기도를 마치고 돌아왔습니다. 함께 기도에 참여한 이들은 '눈길 안 주기'와 '손짓 안 하기'를 포함한 절대 침묵을 요구받았습니다. 하지만 그는 가끔 별들에, 산책길 꽃들에 말을 걸었다고 고백했습니다. 자기를 들여다보기보다 바깥을 향하도록 훈련받은 시선을 안으로 돌리기가 너무 힘들었다고 하더군요. 문자를 터득하고 나서는 절대로 문맹이 될 수 없는 원죄 같은 것 같았다나요. 침묵을 배경으로 하지 않은 말은 소음이라지요? 부질없는 말은 만남을 매개하기보다는 가로막을 때가 많습니다.

책과 서류, 우편물과 잡동사니로 가득 찬 제 사무실을 바라봅니다. 마치 제 내면의 풍경인 양 어지럽습니다. 날마다 날아오는 우편물을 어떤 것은 뜯어보지도 않은 채 쓰레기통에 던지고, 어떤 것은 흘낏 한번 보고는 망설임도 없이 쓰레기통에 던지는 제 행동을 지켜봅니다. 우편물은 늘어나지만, 소통과 만남은 줄어듭니다. 전화기를 타고 들려오는 낯선 목소리 앞에서 마음은 경계경보를 발령하고, 불시에 찾아온 낯선 이를 일단 미심쩍은 눈길로 훑어보게 됩니다. 낯선 이에 대한 '환대'는 성경이 요구하는 거룩한 삶의 전제 조건이지만, 언제부터인가 낯선 사람은 '한 소식'을 가지고 내 앞에 당도한 천사가 아니라 피하고 보아야할 사람이 되어 버렸습니다. 조금 전에도 어떤 젊은이가 찾아와 3천 원짜리 전화카드를 사 달라고 하더군요. 마침 사용하지 않은 카드가 있어서 주었습니다만, 젊은이는 정말 전화카드가 필요했던 것일까요? 아니면 돈이었을까요?

사람을 그리워하면서도 사람을 꺼리게 되는 모순이 어디에서 연유했는지 생각해 보았습니다. 그것은 제가 몸으로 그들 곁에 다가서지 못하기 때문이었습니다. 몸이 매개되지 않은 만남은 진실하기 어렵습니다. 사마리아 사람은 강도 만난 사람의 몸을 만짐으로써 그의 이웃이 되었습니다. 몸이 가지 않는 곳에 마음이 가기란 여간 어려운 게 아닙니다. 마음이 바뀌려면 몸부터 회심하지 않으면 안 됩니다. 배고픔과 목마름과 고통과 처절한 외로움을 경험해 본 사람이라야 다른 이를 향해 나아갈 수 있습니다. 몸이 따르지 않는 관념은 우리 삶을 더욱 창백하게 만들 뿐입니다. 예수님의 가르침은 몸을 매개로 하는 경우가 많았습니다. 열병 앓는 시몬의 장모를 손을 잡아 일으키고, 한센병 환자의 환부에 손을 대고, 앞 못 보는 사람의 눈을 어루만지셨습니다. 동료 인간들의 아픔에 대한 연민과 공감이 담긴 손길이야말로 살림의 손길일 것입니다.

엔도 슈사쿠가 《사해의 호반》이란 소설에서 그린 예수의 모습은 전능자가 아닙니다.[4] 그는 병자를 낫게 하지도 못하고, 기적을 행할 능력도 없습니다. 다만 버림받은 병자들 곁에 머물면서 안타까워하고 그들과 함께 밤을 지새울 뿐입니다. 사람들은 그의 무능을 비웃고 화를 내기도 합니다. 하지만 엔도 슈사쿠는 진정한 기적은 병자를 자리에서 일으키는 것이 아니라, 버림받은 이들 곁에 머물면서 그들의 벗이 되어 주는 영혼의 온기임을 넌지시 일깨워 줍니다. 눈이 퇴화해 버린 심해어처럼 우리는 이웃들 곁에 다가서는 능력을 잃어버린 채 살고 있는 것은 아닌지요.

예수님이 버림받고 변두리에 있는 사람들 곁에 선뜻 다가설 수 있었던 것은 그분이 '길의 사람'이었기 때문입니다. 길의 사람은 제도와 관습, 사람들의 기대 속에 갇힐 수 없습니다. 그분은 늘 벗어납니다. 그렇기에 불온해 보입니다. 잘 닦인 길을 걷는 것이 아니기에 스스로 길이 될 수밖에 없습니다. 스스로 길이 된 사람의 운명은 평탄할 수 없습니다. 또 길 위에 선 사람은 '내 인생에서 가장 중요한 것이 무엇인가?'를 묻지 않을 수 없습니다. 그런 의미에서 진정한 여행은 자기와 만나기 위한 여정이고, 자신과의 대면이기에 변화를 요구합니다. 그 요구 앞에 설 용기가 없는 사람, 자기의 취약함을 받아들일 수 없는 사람은 길을 떠날 수 없습니다. 키 큰 나무가 우듬지 끝까지 물을 공급하는 것을 삼투압의 원리로만 설명할 수 없다지요? 나무의 흔들림이야말로 물을 우듬지까지 끌어올리는 펌프질이라고 합니다. 나무를 흔들어 대는 바람은 고마운 바람인 거지요. 젊은 시절부터 저는 삶의 갈피를 잡지 못하는 이들을 볼 때마다 오규원 시인의 시를 읊조렸습니다.

> 만물은 흔들리면서 흔들리는 만큼
> 튼튼한 줄기를 얻고
> 잎은 흔들려서 스스로
> 살아있는 잎인 것을 증명한다[5]

의심의 여백을 허용하지 않는 믿음이 독단이 되기 쉬운 것처럼, 일직선으로 달리는 이들이 보여 주는 경직성은 안타깝기만 합니다. 나무는 흔들림 없이는 뿌리를 깊이 내릴 수 없고, 줄기도 높이 뻗을 수 없습니다. 흔들리는 나뭇가지 위에 집을 짓는 까치처럼 우리도 흔들림 위에 있을 때라야 인생의 참맛을 느낄 수 있지 않을까요?

위험이 두려워 길을 떠나지 않는 사람은 이미 죽은 사람입니다. 넘어지기를 두려워하면 자전거를 배울 수 없습니다. 수영장 물을 마실 각오 없이는 수영을 배울 수 없습니다. 악의를 꺼리면 길을 떠날 수 없고, 특히 '그 길'의 사람이 될 수 없습니다. 떠남은 비약이고 도약입니다.

1부

서로의 몸을 적시는

작은 몸짓

메마른 가슴에 ─────
봄의 온기를

선생님, 서울 생활에 잘 적응하고 계신지요? 수십 년을 살았지만, 서울은 여전히 타향 같습니다. 잿빛 도시에서 부적응자로 살아가는 제게 분명 서울은 '스올'입니다. 인류 최초의 도시 건설자가 가인이라지요? 그때의 도시가 지금과 같지는 않겠지만 얼마나 실감나는 말입니까? 도시는 가인의 후손들이 배회하는 곳임이 분명합니다. 그래서인가요? 행복한 얼굴을 보기 어렵습니다. 틈만 나면 제가 산으로 달려가는 것도 그곳에서 만나는 사람들의 얼굴이 해맑기 때문입니다.

연휴 마지막 날 북한산을 느긋하게 걸었습니다. 하늘은 청명했고 바람은 제법 차가웠습니다. 볕 좋은 길목마다 무리 지어 앉은 등산객을 보면서 양지꽃 무더기를 보는 것 같이 흐뭇했습니다. 길을 걸으면서도 양지바른 어느 모퉁이엔가 철모르는 새싹이 돋아나 떨고 있지 않나 싶어 두리

번거렸습니다. 다행히도 새싹은 아직 나오지 않았습니다. 봄은 여전히 땅 밑 어딘가에 숨을 죽이고 소식을 기다리고 있는 것 같았습니다. 눈조차 내리지 않아 땅속의 씨앗들이 꽤 추웠겠습니다. 우윳빛으로 꽁꽁 언 골짜기를 보면서 그 속에 살던 버들치들은 어떻게 되었을까 걱정도 되었습니다. 신동엽 시인의 시가 가물가물 떠올랐습니다.

> 겨울은,
> 바다와 대륙 밖에서
> 그 매운 눈보라 몰고 왔지만
> 이제 올
>
> 너그러운 봄은, 삼천리 마을마다
> 우리들 가슴속에서
> 움트리라
>
> 움터서,
> 강산을 덮은 그 미움의 쇠붙이들
> 눈 녹이듯 흐물흐물
> 녹여버리겠지[6]

봄의 고향은 우리들 가슴이군요. 제아무리 호시절을 만나도 가슴이 겨울이면 겨울인 거지요. 거꾸로 아무리 힘겨운 상황을 만나도 가슴이 봄날이라면 봄인 것이고요. 우리 가슴에서 움튼 봄이 미움의 쇠붙이들 흐물흐물 녹여 버리고, 녹은 그 물이 줄레줄레 흘러 메마른 땅을 적시는 광경을 생각하니 제 발걸음도 절로 가뿐해졌습니다.

백성과 더불어 머물고 계신 땅

봄빛이 완연하건만 여전히 얼어붙어 있는 곳이 있습니다. 북한이 외무성 성명을 통해 핵보유국임을 공식적으로 선언했을 때 일입니다. 6자 회담으로 모처럼 한반도에 조성되던 봄기운이 다시금 냉전의 서리로 뒤덮여 스러져 버리는 게 아닌가 싶어 걱정스러운 나날이었습니다. 우리가 마셔야 할 고난의 잔은 여전히 바닥을 보이지 않은 것인가요? 얼마나 많은 피와 땀이 흘러야 우리 강토는 사람 살 만한 곳이 될지 모르겠습니다.

선생님은 좌우 대립 시기에 지리산에서 죽어 간 수많은 넋을 생각하며, 지리산이야말로 한반도 평화의 배꼽이 되어야 한다고 믿는 분이지요. 또 그 믿음을 현실화하기 위해 최선을 다하고 계시고요. 선생님의 감회는 남다를 수밖에 없을 겁니다. 바벨론 포로기에 활동했던 예언자 에스겔은 이스라엘의 회복을 말하면서 먼저 그 땅의 명예 회복을 선언했습니다.

> 나 주 하나님이 이렇게 말한다. 사람들이 너를 두고 사람을 삼키는 땅이요, 제 백성에게서 자식을 빼앗아 간 땅이라고 말하지만, 네가 다시는 사람을 삼키지 않고, 다시는 네 백성에게서 자식을 빼앗아 가지 않을 것이다. 나 주 하나님의 말이다(겔 36:13-14).

땅과 사람은 뗄 수 없이 긴밀하게 연결되어 있음을 이제는 조금씩 실감합니다. '조국'이라는 단어를 들을 때마다 마음이 일렁이는 것은 그 단어가 담보하는 역사의 무게 때문일 겁니다. 조상들의 피와 땀이 스며 있고, 흙으로 돌아간 그분들이 다시금 우리네 삶의 터전이 되어 주는 곳이기에 이 강토는 우리 몸과 같은 곳이 아니겠습니까? 이렇게 말하면 젊은 사람들은 국수주의 냄새가 난다고 할지도 모르겠습니다. 그래도 할 수 없습니다. 히브리인들은 한 걸음 더 나아가서 그들이 몸 붙여 사는 땅을 하나님이 백성과 더불어 머물고 계신 땅으로 인식했습니다(민 35:34). 그러므로 억울한 피가 땅에 떨어져서는 안 됩니다. 땅이 더러워지기 때문입니다. 이 땅에는 정말 너무나 많은 피가 흘렀습니다. 신원(伸冤)되기를 하소연하는 그 피들의 억눌린 외침이 잦아들기도 전에 한반도에 분쟁의 먹구름이 끊임없이 몰려오고 있습니다. "네가 다시는 사람을 삼키지 않고, 다시는 네 백성에게서 자식을 빼앗아 가지 않을 것이다"(겔 36:14). 에스겔에게 주신 이 확언을 오늘 우리에게 주시는 하나님의 약속으로 여기고 싶은 마음뿐입니다.

마음 기댈 곳 없어

선생님과 함께 백무동 계곡을 걸었을 때 생태 마을을 세우고 싶다는 꿈을 이야기하셨지요. 계곡 사이에 틀어박힌 작은 마을을 지나칠 때면 아무에게도 말 못 할 기억을 안고 살아가는 마을 사람들의 아픈 역사를 이야기해 주기도 하셨고요. 그때 산자락을 더듬는 선생님의 눈길은 세월의 풍상에 삭아 버린 어머니의 슬픈 몸을 바라보는 것처럼 아득했더랍니다. 그러면서 천박한 자본주의가 산간 마을에도 들어와 마을 공동체를 파괴하는 현실을 개탄했습니다. 어느 곳에 가든 자본의 편에 서서 부스러기라도 챙기려는 사람은 있게 마련이고, 거기에 맞서 조상 대대로 살아온 땅을 지키려는 사람도 있게 마련이지요. 돈은 어느 곳에 가든 사람들을 갈라놓습니다. 그래서 예수님이 돈을 '맘몬'이라고 하신 것이겠지요. 마을 공동체가 무너진다는 것은 어떤 의미에서는 삶을 삶답게 하는 생활 조건으로서 정신적 귀소歸巢를 상실하는 것입니다. 마하트마 간디는 '마을 공동체'에서 인류의 미래를 보았습니다. 그런 마을이 사라진다는 것은 미래의 토대가 허물어지고 있다는 말이 아닐까요?

그래서 도시인들은 누구나 실향민 의식을 가지고 사는 것 같습니다. 돌아가신 소설가 이문구 님의 《관촌수필》은 우리가 느끼는 실향민 의식의 뿌리를 잘 드러냅니다. 《관촌수필》 연작의 첫째 작품이라 할 수 있는 "일락서산日落西山"에서 주인공은 오랫동안 고향 마을을 지켜온 왕소나무가 사라지고, 온 마을의 종가나 되는 양 당당했던 자기 집이 추레하게 퇴락해 가는 모습을 보며 이렇게 탄식합니다.

그것은 왕소나무의 비운 버금으로 가슴을 저미는 아픔이었다. 이제는 가로세로 들쑹날쑹, 꼴값하는 난봉난 집들이 들어서며 마을을 어질러놓아, 겨우 초가 안채 용마루만이 그럴듯할 뿐이었으며, 좌우에서 하늘자락을 치켜들며 함석지붕 날개와 담장을 뒤덮었던 담쟁이덩굴, 사철 푸르게 밭마당의 방풍림으로 늘어섰던 들충나무의 가지런한 맵시 따위는 찾아볼 엄두도 못 내게 구차스런 동네로 변해버렸던 것이다.

실향민. 나는 어느덧 실향민이 돼버리고 말았다는 느낌을 덜어버릴 수가 없었다. 고향이랬자 무덤墓들밖에 남겨둔 게 없던 터라 어차피 무심하게 여겨온 셈이긴 했지만, 막상 퇴락해버린 고향 풍경을 대하니, 나 자신이 그토록 처연하고 헙헙하며 외로울 수가 없던 것이다.[7]

이게 1972년의 작품이니까 벌써 수십여 년 전의 마을 풍경이겠습니다. 하지만 지금은 훨씬 더 심각한 상황입니다. 퇴락한 게 어디 마을뿐이겠습니까? 우리 마음의 퇴락은 이보다 더하면 더했지 못하진 않을 것입니다. 우리는 마음 기댈 곳이 없어 방황합니다. 더 많이 소유하고 더 편리하게 살지만, 마음은 비좁습니다. 무엇보다 안타까운 것은 삶의 이야기가 사라지고 있다는 것입니다. 도시에는 지시와 논리와 처세술과 하소연은 넘치지만, 공동의 기억을 온축한 삶의 이야기는 찾아보기 어렵습니다.

가슴에 아로새긴 무늬

어린 시절 우리는 참 많은 이야기를 들으며 자랐습니다. 여름밤이면 수제비로 배를 채우고 왕겨 불 위에 쑥을 얹어 모기를 쫓으며 아버지의 무릎을 베고 누워 은하수를 헤아리거나, 아버지를 졸라 옛날이야기를 듣곤 했습니다. 겨울이면 온 식구가 아랫목에 깔아 놓은 이불 속에 발을 뻗고 앉아 온갖 이야기를 나누었습니다. 출출하면 건넌방에 쌓아 놓은 고구마를 꺼내 깎아 먹거나, 밭에 묻어 놓은 무를 꺼내다가 벗겨 먹으면 그만이었습니다. 가족은 기억을 공유한 사람들이 아니겠는지요. 마을 공동체는 그런 의미에서 모두 한 가족이었습니다. 집안의 대소사를 모르는 이가 없고 기쁨도 슬픔도 함께 나누었으니까요. 산이 깎여 나가고 바다가 메워지면서 우리 가슴 깊은 곳에 간직하고 있던 삶의 이야기와 공동의 기억도 사라지고 말았습니다.

기억을 잃어버린 문명은 차가울 수밖에 없습니다. 온기를 잃어버린 문명은 생명의 가치를 소홀히 하게 마련입니다. 이 땅은 인간들의 거주 공간이기도 하지만, 다른 수많은 생명의 삶터라는 사실은 전혀 고려의 대상이 되지 않습니다. 지율 스님은 이 참담한 문명의 한복판에 밝혀진 등불이 아닐까요? 저는 사실 지율 스님의 단식이 100일에 가까워질 때 "그에게 삶의 세계로 돌아올 용기를 달라"고 기도했습니다. 어쩌면 그가 이미 죽음에 매혹된 것인지도 모른다는 생각이 들었던 것이지요. 때로는 타협할 줄 모르는 그의 태도가 불편하기도 했습니다. 사람들을 벼랑 끝으로 밀어붙이고 있다고 생각했기 때문입니다. 하지만 그가 지난해 '올해의 시민운동가'로 선정된 직후에 가진 인터뷰를 보면서 그의 진정을 이해하게 되었습니다. 그는 자기가 하는 운동이 이론보다는 감성에 가깝다고 말했습니다. 그 것은 자연의 아픔을 온몸으로 느끼는 것에서 시작했기 때문이라고 합니다. 그것을 근원적 체험이라 해도 좋을까요? 찢기고 짓밟히던 생명들이 지율이라는 몸을 빌려 자기들의 소리를 낸 것은 아닐까요?

자비의 에토스

이제 천성산과 지율 스님은 특정한 장소나 개인을 지칭하는 고유명사가 아닙니다. 그것은 하나의 표징입니다. 그 것은 인간 중심적인 발전을 지향하는 문명의 대척점에 작지만 옹골찬 생명적 세계관의 표징으로 서 있습니다. 정부가 대규모로 추진한 국책 사업이 몇몇 사람들의 반대에 부딪혀 표류하는 현실을 개탄하는 사람들은 인간중심주의 세계관을 견지하는 이들입니다. 더디더라도 생태학적 균형을 염두에 두고 발전을 도모해야 한다고 말하는 사람들은 생명주의 세계관을 굳게 붙들고 있는 이들입니다. 이 두 개의 세계관이 지금 충돌하고 있습니다. 우리는 둘 사이에서 선택해야 합니다. 하나님은 지금 우리를 에발산과 그리심산 앞에 세우셨습니다. 어느 쪽을 택해야 할까요? 제게는 너무도 분명한 답이 다른 이들에게는 오답으로 보일 수도 있겠습니다. 하지만 종교인으로 산다는 것은 생명을 최고의 우선 가치로 선택하는 것이어야 함을 저는 한순간도 의심하지 않습니다. 성공과 출세를 신앙적으로 합리화하고 부추기는 종교인이라면 아득한 느낌을 지울 길이 없습니다.

마커스 보그라는 신학자는 예수님의 삶을 '자비의 정치학'이라는 말로 설명했습니다. 자비의 정치학은 당시 경건한 종교인들의 '거룩의 정치학'과 구별되는 것이었습니다. '거룩'이라는 렌즈를 통해 세상을 보면 세상은 정확히 둘로 나뉩니다. 정결과 부정, 순결과 더러움, 성스러움과 속됨, 유대인과 이방인, 의인과 죄인, 남성과 여성의 양극성이 그것입니다.

이스라엘에서 '거룩'의 에토스는 바벨론 포로기에 거룩의 정치학으로 관습화되었고, 다시 로마 식민지 시절에 강화되었습니다. 그들은 유대 세계가 직면한 정체성의 위기를 타개하기 위해 거룩의 정치학을 택했습니다. 그럴 수밖에 없는 상황이기는 했지만, 그것은 필연적으로 주변인들을 낳을 수밖에 없었습니다. 예수님이 주목한 것은 바로 그들이었습니다. 거룩의 정치학을 벗어난 땅의 사람들, 세리와 창녀와 죄인 들 말입니다. 예수님은 거룩의 잣대를 버리고, 자비의 에토스를 가지고 사람들과 만나셨습니다.

주님은 의인과 죄인을 가로지르고, 유대인과 이방인을 가로지르며 길을 만드셨습니다. 거룩은 나뉘게 하고 자비는 하나 되게 합니다.

지금 우리가 잃어버린 것은 이 자비의 에토스가 아닐까요? 너무 감상적으로 들리지 않기를 바랍니다만, 저는 꽁꽁 언 땅을 걷는 비둘기의 빨간 발을 볼 때마다 안쓰러운 마음이 들곤 합니다. 먹이를 찾기 위해 쓰레기통을 뒤지다가 인기척에 소스라치듯 놀라 달아나는 야생 고양이들을 보면서 가슴이 뭉클할 때도 있습니다. 어쩐지 그 생명과 나의 생명이 둘이 아니라 하나라는 느낌이 들기 때문입니다. 어떤 때는 몸을 가지고 살아가는 우리 이웃들이 괜히 가엾어 가만히 그들을 위해 기도합니다.

물론 일상의 많은 순간 저는 자비의 마음을 잃고 허둥거립니다. 하지만 살아 있는 것들을 향한 자비의 마음이 은총처럼 찾아올 때면 제 가슴에는 한없는 평화가 밀려옵니다. 봄은 우리의 가슴에서 움튼다는 시인의 말은 결코 거짓이 아닙니다. 잘리고 파헤쳐져 상처투성이가 된 우리 땅을 소중히 보듬어 안고, 메마른 이웃들의 가슴 깊은 곳에 봄의 온기를 불어넣으라고 우리를 불러 주신 주님께 감사합니다.

서울 살림살이가 힘겨워도 '그 길'을 함께 걷는 길벗들이 있음을 잊지 마십시오. 봄빛 좋은 날, 가까운 산이라도 함께 걸으며 생명이 이루어 내는 기적을 맘껏 즐겨 봅시다. 하루하루 태초의 아침인 듯 늘 황홀하시기 바랍니다.

서 있는 ─────
삶의 자리에서

초봄의 변덕스러운 날이 계속되어서인지 괜히 심란합니다. 점심을 먹고 돌아와 사무실 문을 여니 마치 밤인 듯싶게 어두웠습니다. 컴컴한 방에서 'doomsday'라는 단어를 떠올렸던 것 같습니다. 잠시 어둠을 응시하다가 스위치를 올려 불을 켰습니다. 방은 곧 환해졌지만 'doomsday'라는 불길한 단어의 여운은 쉽게 사라지지 않았습니다. 창문 밖 저 멀리 전선에 앉은 까치 한 마리가 보였습니다. 날갯죽지에 고개를 파묻은 모습이 꽤 외로워 보이더군요. 물론 그 외로움은 제 심상의 반영일 터입니다. 오랫동안 새를 지켜보다가 문득 저를 지켜보는 어떤 눈길을 느꼈습니다. 그 눈길은 품이 되어 저를 안고 있었습니다.

책상 앞으로 돌아와 수선스러운 마음을 가라앉히고 눈을 감았습니다. 갈래 없는 생각이 경마장의 먼지처럼 떠올랐다가 곧 스러지곤 했습니다. 어째서 '평화 복무'라는 단어가 떠올랐을까요. 젊은이들에게 최소한 생애 중 일 년은 세상에서 가장 고통스러운 생의 현장에 들어가 평화 복무를 하자고 권고하시던 선생님의 모습도 떠올랐습니다. 평화 복무라는 낯선 울림이 무시할 수 없는 힘으로 저를 사로잡고 있었던 모양입니다.

평화 복무의 길

벌써 오래전이지만 소설가인 제 친구는 "나는 소설로 내 인생에 복무하고 있다"라고 한 적이 있습니다. 그때 그가 참 행복한 사람이라고 생각했습니다. 적어도 자기가 가장 잘할 수 있고, 또 평생을 걸 만한 일을 찾았으니 말입니다. 나는 무엇으로 내 인생에 복무하고 있나, 간혹 이런 질문을 자신에게 던지고 있던 차에, 선생님은 '평화 복무'의 길로 사람들을 부르고 계셨습니다. 이렇게 말하면 좀 당황하실지 모르겠네요. 맞습니다. 우리를 평화 복무의 길로 부르시는 분은 하나님이십니다.

일본 강점기에 양정고등학교 교사이며《성서조선》이라는 잡지를 내셨던 김교신 선생은 "예수의 교훈을 자아의 주관으로 적당히 할인하여 믿으려 함은 차라리 믿지 않음만 못하다"라고 하면서 기독교인들을 향해 "예수의 비상 소집에 응하라"라고 외쳤습니다. 그럼 누가 비상소집에 응할 수 있습니까? "성현을 찾는 자, 안전을 바라는 자, 중용을 밟으려는 자에게는 편한 길이 달리 있을 것이다. 오직 하나님을 보려는 자, 천국을 얻기 위해 소유를 팔고 근친도 미워하며 자기 육신의 지체 일부씩 베어 버릴 각오를 한 사람만이 예수의 비상소집에 응할 수 있다."[8] 평화복무에 나선 이들은 모두 이런 비상소집에 응한 사람이겠지요?

신학교에 처음 들어갈 무렵, 찬송가 355장을 부를 때마다 갈등을 느끼곤 했습니다. "괴로우나 즐거우나 주만 따라가오리니." 여기까지는 비장한 마음으로 부를 수 있었지만, 3절 "멸시 천대 십자가는 제가 지고 가오리다"라는 대목에 이를 때면 입을 다물고 가만히 제 마음을 응시하곤 했습니다. 내가 그럴 수 있을까, 확신할 수 없었기 때문입니다. 그런데 지금 저는 별다른 동요나 갈등도 없이 그 찬송가를 잘도 부릅니다. 짐작하시겠지만, 제가 그렇게 살고 있기 때문이 아니라 생에 대한 진지함과 치열함이 식었기 때문일 것입니다. 평화 복무라는 말을 듣는 순간 그렇게도 큰 떨림이 일었던 것은 제가 짐짓 외면하며 살았던 다른 세계가 제 앞에 모습을 드러내었기 때문입니다.

2006년 말미였던 것 같습니다. 한 신문의 독자 투고란에 올라온 기도문을 보며 전율을 느꼈습니다. 언론인권센터 대외협력위원장인 문한별 씨의 글이었습니다.

당신은 기도하는가?
이라크 땅 팔루자에서 무고한 주검들이 나뒹구는데
눈감고 기도할 마음이 나는가?
당신은 찬양하는가?
이라크 땅 팔루자에서 비명소리 하늘을 찌르는데
화음 맞춰 찬양할 마음이 나는가?
야만의 시대에
눈감고 기도하는 건 비겁이다. 기만이다.
불의한 시대에
화음으로 찬양하는 건 동조다. 묵인이다.
그대여, 기도하려거든
차라리 눈을 떠라.
죽어가는 형제 자매가 저기 있지 않은가.
그대여 찬양하려거든
차라리 외론 목소리로 진혼가를 불러라.
저기 당신의 파트너가 죽어가고 있지 않은가.[9]

부릅뜬 그의 눈이 보이는 듯했습니다. 고요하게 관상기
도만을 드릴 수 없는 그의 절박함을 느낄 수 있었습니다.

저는 눈을 감고 기도하는 사람이었습니다. 반쯤만 감았다고 변명할 수도 있겠습니다. 하지만 그렇게 말하면 더욱 비참해집니다. 그의 기도문은 예언자의 음성이 되어 제 가슴을 쳤습니다. 이제는 눈을 뜨고 기도하려고 애쓰고 있습니다. 지난날을 자책만 하는 것은 '비겁'입니다. 생의 승리는 넘어지지 않는 것이 아니라 넘어진 자리를 딛고 일어서는 것, 별별 추한 꼴을 다 보면서도 자기가 택한 길을 끝까지 걸어가는 것이라 믿습니다.

평화 복무라 하여 모두가 고통의 현장으로 달려가야 하는 것은 아닐 겁니다. 정상에 오르는 이들을 위해 베이스캠프를 지키면서 지원하는 이들도 있어야 하듯이, 자기 삶의 자리를 굳건히 지키는 사람들도 필요합니다. 먹고 자고 일하고 노래하고 사랑하고 싸우는, 너무나 일상적이고 진부하기까지 한 삶의 자리에서 평화의 싹을 틔우려고 애쓰는 이들도 평화에 복무하는 이들입니다. 덜 쓰고 더 많이 나누는 사람들, 환하게 웃을 줄 아는 사람들, 정겹게 말할 줄 아는 사람들, 공격적인 말로 상대방을 수세로 몰아가지 않는 사람들, 상대의 말에 겸손히 귀를 기울이는 사람들, 궂은일을 표나지 않게 처리할 줄 아는 사람들, 외로운 이들에게 다가가 가만히 손을 잡을 줄 아는 사람들, 세상의 평화를 위해 끈질기게 기도하는 사람들…. 이들은 알든 모르든 평화에 복무하는 사람들입니다.

살기 위해 가장 필요한 것

너무 설교조로 말하고 있네요. 가볍게 말하고 싶지만, 번번이 스스로 생각의 무게에 짓눌려 언어가 무겁습니다. "나비야 청산 가자/ 호랑나비야 너도 가자/ 가다가 날 저물면은/ 꽃 속에서 자고 가자/ 꽃에서 푸대접커든 잎에서라도 자고 가자."[10] 오늘 아침에 읽은 시조입니다. 그래, 이 마음으로 살아야지, 하면서도 여전히 무거움에 떨어지곤 합니다. 왜 그럴까, 생각해 보니 지나칠 정도로 정신을 지향하는 성향 때문이 아닌가 싶습니다. 지금까지 저는 오스트리아의 정신과 의사 빅터 프랭클이 말한 대로 인간은 의미를 추구하기에 인간이라는 생각에 경도되어 왔습니다. '쾌락에의 의지'나 '권력에의 의지' 관점에서 사람을 분석하는 이들의 견해를 모르는 바 아니지만, 그것은 왠지 제 경험에 부합하지 않는 것 같아 짐짓 외면해 왔습니다. 예수님도 부추겼습니다. "사람이 빵으로만 살 것이 아니라, 하나님의 입에서 나오는 모든 말씀으로 살 것이다"(마 4:4), "나의 양식은, 나를 보내신 분의 뜻을 행하고, 그분의 일을 이루는 것이다"(요 4:34) 등의 말씀은 제 생각을 '의미' 쪽으로 밀어붙이는 구실을 했던 것입니다.

선생님을 통해 사람이 밥과 의미만 가지고 살기 어렵다는 사실을 늦게나마 깨닫게 된 것을 참 고맙게 생각합니다. 독립 전쟁과 종족 간의 갈등으로 초토화된 동티모르 사람들은 자신들을 돕기 위해 찾아온 평화 캠프 실무자들이 '화해와 재건'이라는 슬로건을 내걸자 거기에 '축제'를 추가해 달라고 했다지요? "이 무서운 죽음의 벌판에서 무슨 축제냐"고 묻는 실무자에게 그들은 "지금 우리가 살기 위해 가장 필요한 것은 기쁨"이라고 말했다지요? 이 말을 듣는 순간 가슴이 뭉클해졌습니다. 서 있는 삶의 자리가 다르면 서로를 진심으로 이해하는 것이 거의 불가능하다는 사실을 인정할 수밖에 없습니다. 지금까지 제가 금과옥조처럼 여겼던 '삶의 의미'가 어떤 이들에게는 사치일 수도 있다는 사실이 분명해졌습니다. 생은 그 자체로 존귀한 것이었습니다.

예수님은 시간의 여울 속에서 지친 사람들에게 복음을 전하셨습니다. 저는 그동안 예수님이 전한 복음이 '기쁜 소식'을 뜻한다고 가르쳐 왔으면서도 사람들에게 순수한 기쁨을 안겨 준 적이 많지 않은 것 같습니다. 선생님이 보여 주신 동티모르인들의 축제 장면은 정말 아름다웠습니다. '춤의 왕'이신 주님은 슬픈 표정을 짓고 있는 이들조차 그 아름다운 춤판으로 불러 치유하고 계신지 모르겠습니다. 축제와 춤을 통해 그들의 잿빛 현실이 달라지는 것은 아니겠지만, 그들이 짓는 선한 웃음 속에서 화해와 재건의 해는 이미 떠오르고 있습니다.

진실한 사랑과 배려

가난한 그들의 환한 웃음을 보면서 기쁨의 원료가 꼭 소비일 필요는 없다는 생각을 했습니다. 동료 인간들에 대한 진실한 사랑과 배려야말로 마르지 않는 기쁨의 원천일 겁니다. 모리스 버만은 《미국 문화의 몰락》이라는 책에서 "미국 사회의 정신적 몰락을 나타내는 증거는 미국인들이 점점 다른 사람에 대한 최소한의 예절이나 배려를 보이지 못하고 있다는 점"[11]이라고 말하더군요. 공공장소에서 안하무인격으로 행동하는 미군들을 볼 때마다 마음이 불편하곤 했는데, 모리스는 그것을 미국 사회의 정신적 몰락의 징후로 보고 있었습니다.

그런데 그것이 미국 사회만의 문제겠습니까? 우리 사회도 점점 서로에 대한 인간적인 배려와 예의를 잃어 가고 있는 것 같습니다. 자신을 세계의 중심으로 생각하는 유아론적 사고가 사람들을 지배하고 있는 듯합니다. 그 때문이 겠지요? 사람들은 다른 이들과 친밀한 관계 맺는 것을 두려워합니다. 진정한 우정은 때로 자기 초월이나 무한한 책임을 요구하기에 사람들은 적절한 거리를 유지하며 우정의 위험을 피하려 합니다. 일상 속에서 대면하고 마주 보고 살아야 하는 사람들보다 텔레비전 연속극에 나오는 인물들에게 더 친밀감을 느끼고 감정적으로 더 쉽게 동화되는 이유도 거기에 있겠지요. 사람과 사람 사이의 친밀한 관계야말로 우리의 고단한 삶을 지켜 주는 존재의 피부일 터인데, 그 피부가 점점 얇아지고 있는 현실이 안타깝습니다. 벗겨진 피부에는 비단 옷자락만 스쳐도 아픈 법입니다. 우리가 조그마한 고통이나 외로움 앞에서도 비명을 지르는 까닭은 존재의 피부를 잃었기 때문이 아닐까요?

저는 요즘 에스겔 37장에 나오는 비전에 온통 사로잡혀 있습니다. 살해당한 자들의 마른 뼈들만 서걱거리던 계곡에서 에스겔이 대언하자 뼈들이 서로 이어지고, 그 위에 힘줄이 뻗치고, 살이 오르고, 살 위로 살갗이 덮였습니다. 에스겔이 생기를 위하여 대언하자 생기가 사방에서부터 불어와 그들 속으로 들어갔고, 그들은 곧 살아나서 제 발로 일어섰다고 합니다. 저는 지금까지 이것을 은유로만 생각했지, 역사에 대한 하나님의 꿈이라는 것을 제대로 이해하지 못했습니다. 어처구니없어 보이지만 이것은 기어코 실현되어야 할 꿈인 것입니다. 문익환 목사님의 시 한 편이 더욱 아련하게 다가옵니다.

개똥같은 내일이야

꿈 아닌들 안 오리오마는

조개 속 보드라운 살 바늘에 찔린 듯한

상처에서 저도 몰래 남도 몰래 자라는

진주 같은 꿈으로 잉태된 내일이야

꿈 아니곤 오는 법이 없다네.[12]

그렇지요. 아름다운 세상은 꿈꾸는 자들이 있어 열리는 것이지요. 그 꿈을 산 이들이 있어 열리는 것이지요. 아브라함 요수아 헤셸은 "하나님을 믿는 것은 그분의 꿈을 우리의 꿈으로 간직하는 것"이라고 말했습니다.

하나님의 비상 나팔 소리

이익과 권력과 명성을 향한 동경이 정상을 구가하고, 싸구려 속물주의가 지배하는 이 세상에서 우리는 전혀 다른 삶이 가능하다는 것을 몸으로 보여 주라고 부름을 받은 것인지도 모르겠습니다. 하나님의 비상 나팔 소리는 이미 울렸습니다. 기상이변이 속출하고 그 피해 규모가 천문학적으로 늘어 가는 것을 지켜보면서 두려움을 느끼지 않을 수 없습니다. '교토의정서' 발효를 전하는 국내 언론들은 이구동성으로 "그것이 한국 경제에 유리할 것인가, 불리할 것인가"를 저울질하는 기사를 내보냈습니다. 사태의 심각성을 모르기 때문일까요? 아니면 알면서도 눈앞의 이익에 발 빠른 습성 때문일까요? 개도국이 참여하지 않는다는 핑계로 교토의정서에 동참하기를 거부하는 미국과 영국 등의 나라들은 선진국이라 할 수 없는 것 아닐까요? 그들은 자기들의 삶의 방식을 바꿀 생각이 없는 것입니다. 이쯤 되면 "다른 사람에 대한 최소한의 예절이나 배려를 보이지 못하고" 있는 점을 미국 문화가 몰락하는 징조로 본 모리스 버만의 진단이 세계적인 차원에서 확인되는 것이라고 말해도 과하지 않으리라 봅니다.

그래도 고마운 것은 현대 문명의 위기를 꿰뚫어 보면서 뭔가 지속 가능한 공생의 사회를 이루기 위해 애쓰는 이들이 늘어나고, 또 점차 그들이 고립에서 벗어나 연대하고 있다는 사실입니다. 에스겔의 비전대로 말하자면 힘줄이 뻗치는 것이라 할까요? '나비 효과'를 들먹이지 않아도, 이론을 끌어오지 않아도 '나'의 삶이 '너'의 삶과 어떻게든 연결되어 있다는 사실은 누구도 부정할 수 없을 것입니다. 생명의 원리가 사랑인 것은 그 때문입니다.

2007년 3월 10일 자 신문은 남한과 북한의 전기가 57년 만에 다시 연결되었다는 소식을 전해 주었습니다. 1948년 5월 14일 정오에 '전기 요금 미납'을 이유로 북쪽에서 일방적으로 끊었던 전기가 다시 연결된 것입니다. 저는 이 것을 하나의 사건으로 봅니다. 미움과 반목의 60년 세월 동안 남한과 북한은 골짜기의 마른 뼈들처럼 서걱거리고 있었는데 이제 그 뼈들이 맞춰지고 힘줄이 뻗치고 있음을 보았기 때문입니다. 한반도에서 열리고 있는 생명의 기적이, 역사의 새봄이 기쁨의 살이 되어 차올랐으면 좋겠습니다. 남과 북의 사람들이 한데 어울려 어깨를 겯고 덩실 덩실 생명의 춤을 출 날이 멀지 않았습니다. 의혹과 질시의 눈으로 서로를 겨누던 눈길을 거두어 상생의 길로 나갈 때, 굳어진 우리의 가슴으로 하나님의 숨이 불어와 잠든 우리를 일으켜 세우며 평화의 군대를 만들 것입니다.

송기숙 선생님의 글을 읽다가 "동네마다 후레자식이 하나"라는 말의 깊은 뜻을 알게 되었습니다. "후레자식도 정자나무나 공동 우물처럼 일정한 기능을 하는 동네의 구색"이라는 것입니다. 그를 비난하는 사이에 사람들은 자신을 스스로 도덕적으로 점검한다는 것이지요. 마을은 후레자식이나 좀 모자란 반편^{半偏}이나 몸이 부실한 장애인들을 품고 가는 살림의 공간입니다.[13] 그것을 사회적 피부라고 하면 어떨까요? 선생님이 그렇게 세상 구석구석을 돌면서 평화에 복무하는 것은 지구촌에 난 상처를 치유하고 사랑의 피부를 만들기 위한 것이 아닌가 싶습니다.

걷기 위한 길,
걸어야 할 길

46

아프가니스탄으로 떠난다는 미국인 젊은이는 잘 도착했는지 모르겠습니다. 세상 도처에서 인간의 등불을 밝히기 위해, 사랑의 피부를 만들기 위해 땀 흘리는 이들이 있어 세상은 아름답습니다. 저도 제 삶의 자리에서 평화에 복무하기 위해 애쓰겠습니다. 하나님의 비상소집 나팔 소리가 제 귀에 쟁쟁히 울리는 초저녁, 말갛게 걷힌 하늘을 바라보며 푸른 언덕에서 인사드립니다.

함께 가는 길 ────

꽃샘추위가 매섭습니다. 며칠 전부터 교회 화단에 힘겹게 고개를 든 비비추와 무릇 새들이 밤사이 얼지는 않았나 싶어 안쓰러운 마음으로 안부를 물었습니다. "우리 아직 괜찮아요." 새싹들이 오히려 저를 격려하더군요. 물 흐르는 계곡에 들러 생명의 수런거리는 소리를 들은 것이 엊그제인데 오늘은 새들도 조용합니다. 새만금에 대한 대법원의 최종 판결을 앞두고 많은 환경 단체 회원들과 지역민들이 긴장하고 있습니다. 선생님이 이 편지를 받으실 무렵이면 이미 판결이 내려져 있겠네요. 예측할 수 없는 현실을 앞에 두고 생명의 하나님께 기도를 올릴 뿐입니다.

어느 시인의 고백이 절실하게 다가옵니다. "봄이 와 가장 여린 속살을 내보이며 올해도 꽃이 피고 연둣빛 새잎들이 나풀거리기 시작한다면, 이것은 당연히 올 봄이 오는 것이 아니라 오지 않을 수도 있었던 봄이 오는 것"[14]이라고요. 지각을 뚫고 나온 새싹 하나하나가 생명의 기적처럼 여겨져 마음이 일렁입니다. 역천逆天의 길을 걷는 현대 문명 속에 머물면서 평화와 생명의 세상을 꿈꾸는 건 참 가슴 아린 일입니다. 노구를 이끌고 미군 기지가 들어설 대추리에서 농성하고 있는 문정현 신부님은 "평화란 저 황새울 들녘이 푸른 생명으로 출렁이는 것"[15]이라고 말했습니다. 평화란 그렇게 소박하고 단순한 것이네요. 예수님이 꿈꾸셨던 세상도 그런 것이겠지요?

'마음'이라는 무기를 들고

2월 중에 레바논에 다녀왔습니다. 지중해를 건너 구름이 낮게 드리운 베이루트 전경을 보며 백향목을 생각했고, 칼릴 지브란을 생각했습니다. 하지만 공항에 내려 차를 기다리는 동안 난폭한 운전자들이 사방에서 울려 대는 경적과 매캐한 매연 냄새에 시달려야 했습니다. 마침 우리가 도착한 날이 레바논의 전 총리 사드 하리리가 폭사한 지 일 년이 되는 날이어서 시내는 온통 추모객들로 넘쳐났습니다. 한복판에 백향목이 그려진 레바논 국기를 흔들며 거리를 질주하는 젊은이들의 차량 행렬에 조금은 긴장이 되기도 했습니다. 숙소 가까운 곳 어디를 걸어 보아도 레바논 내전의 흔적이 고스란히 남아 있었기에 더욱 그랬던 것 같습니다. 무너진 건물 잔해, 사람 사는 흔적이 보이지 않는 텅 빈 건물들, 짓다 만 흉물스러운 건물들이 도처에 널려 있었습니다.

내전의 뿌리는 팔레스타인 난민을 둘러싼 종교 갈등이라고 들었습니다. 1948년 이스라엘 건국과 함께 삶의 터전을 잃어버린 팔레스타인 난민들이 레바논으로 유입되었고, 1970년 요르단 정부가 팔레스타인 해방 기구의 봉기를 무력으로 진압한 '검은 9월' 사건을 계기로 난민 수는 폭발적으로 늘어났습니다. 그들은 레바논을 거점으로 이스라엘에 대한 무장 투쟁을 벌였습니다. 레바논 인구의 60퍼센트에 달하는 이슬람교도들은 그들을 지원한 반면, 이스라엘에 호감이 있던 기독교인들은 자체 민병대를 조직하여 그들을 박해했습니다. 결국, 종교 갈등으로 비화하고만 것입니다. 공격과 보복 공격이 계속되다가 1975년 4월, 마침내 레바논 내전이 벌어졌습니다. 이 내전에 시리아가 개입하고 이어 이스라엘이 개입하면서 점점 복잡한 양상으로 전개되다가 10만 명이 희생된 가운데 1990년에야 막을 내렸습니다. 하지만 내전의 상처는 여전히 아물지 않은 채였습니다.

비둘기 섬 옆을 산책하는데 허름한 차림의 사내가 다가와 말을 건네더군요. 한국에서 왔다는 말을 듣고는 남북한의 긴장 상황에 관해 자기 나름의 인식을 뽐내듯 말했습니다. 어떻게 그렇게 우리나라에 대해서 잘 아느냐고 물었더니 베이루트도 항상 전선에 있기에 한국의 상황이 남의 일 같지 않다고 했습니다. 고통의 연대일까요?

지중해의 푸른 물빛은 아름다웠고 도로변에 있는 바나나, 레몬, 올리브, 오렌지 과수원은 평화로웠습니다. 하지만 재건의 손길이 채 닿지 못해 방치된 건물들은 인간의 어리석음을 말없이 꾸짖고 있었습니다. 그 분쟁의 땅에서 저는 이사야의 꿈을 아프게 떠올렸습니다.

그 때에는, 이리가 어린 양과 함께 살며, 표범이 새끼 염소와 함께 누우며, 송아지와 새끼 사자와 살진 짐승이 함께 풀을 뜯고, 어린 아이가 그것들을 이끌고 다닌다. 암소와 곰이 서로 벗이 되며, 그것들의 새끼가 함께 눕고, 사자가 소처럼 풀을 먹는다. 젖먹는 아이가 독사의 구멍 곁에서 장난하고, 젖뗀 아이가 살무사의 굴에 손을 넣는다(사 11:6-8).

'이 분쟁의 땅에 평화가 깃들기를' 간곡히 기도하고 나서 정현종의 시 한 편을 발사했습니다.

다른 무기가 없습니다
마음을 발사합니다

두루미를 쏘아올립니다 모든 미사일에
기러기를 쏘아올립니다 모든 폭탄에
도요새를 쏘아올립니다 모든 전폭기에
굴뚝새를 쏘아올립니다 모든 포탄에
뻐꾸기를 발사합니다 무기 공장에
비둘기를 발사합니다 무기상들한테
따오기를 발사합니다 정치꾼들한테
왜가리를 발사합니다 군사 모험주의자들한테
뜸부기를 발사합니다 제국주의자들한테
까마귀를 발사합니다 승리 중독자들한테
발사합니다 먹황새 물어리 때까치 가마우지…

하여간 새들을 발사합니다 그 모오든 死神들한테[16]

더불어 사는 동네

군이 성지순례라는 이름으로 이 땅에 잠시 머무는 까닭
이 무엇인가 생각해 보았습니다. 그 옛날 이 땅을 거니셨
던 예수님과 사도들의 발자취를 보기 위해서였습니다. 하

지만 그곳에 가서 깨달았습니다. 저를 소환한 것은 여전히 평화의 꿈이 난폭하게 짓밟히는 분쟁의 땅에서 억울하게 죽어간 이들이 흘린 피였습니다. 저마다 평화를 가르치고 때가 되면 금식을 하고 기도를 하는 종교인들이 서로 화합하지 못하는 까닭은 무엇일까요? 복잡하게 얽혀 있는 국제 정치적 맥락이 있음을 모르지 않습니다. 그렇다 하더라도 예수의 이름으로 혹은 알라의 이름으로 서로 적대시하는 것은 무엇 때문입니까? 그것은 어느 편이 되었든 으뜸※ 되는 가르침※을 짐짓 외면하고 있기 때문이 아닐까요? 제 귀에는 칼릴 지브란의 피맺힌 소리가 들리고 있는데요.

집권자가 험악한 얼굴로 백성들에게 겁을 주면, 목사나 신부는 교활한 미소로 그들을 위로한다. 이리하여 양 떼 같은 백성들은 늑대 같은 정치인과 여우 같은 종교인 사이에서 찢기고 뜯기어 멸해진다. 지배자는 스스로를 법이라 하고, 성직자는 스스로 신의 사자라고 주장한다. 이 둘사이에서 백성들의 육체가 고문을 당해 죽어가고, 백성들의 정신이 질식을 당해 숨통이 막힌 채 시들어버린다.[17]

이것이 그 땅의 문제만은 아닐 것입니다. 다른 종교인들을 사갈시※하는 개신교 지도자들을 볼 때마다 저는 숨이 가빠집니다. 종교인들의 의식이 바뀌지 않는 한 세상의 평화는 요원한 과제일 뿐입니다. 타 종교에 관용적인 태도를 보여야 한다고 가르친 한 기독교 대학의 젊은 교수가 재임용에 탈락했다는 보도를 접했습니다. 그는 마음이 너그럽고 겸손하여 모두의 존경을 받는 사람이었습니다. 이런 현실을 볼 때마다 시편 기자의 탄식이 절로 나옵니다.

"언제까지니이까…."

세상의 모든 것이 하나님이 지으신 것이고 그분의 은총 안에 있는 것이 분명하다면, 생명의 외부는 없습니다. 모두가 내부일 뿐입니다. 하지만 우리는 일쑤 금을 긋거나 담을 쌓아 너와 나를 가릅니다. 그걸 당연한 것으로 여깁니다. 네 편 아니면 내 편, 세상은 전쟁터입니다. 송기숙 선생은 사람이 모여서 '더불어' 사는 최소 단위인 동네는 이 세상의 축소판이라면서 다섯 부류의 사람이 어느 동네나 있는 사회의 구색이었다고 말합니다. 첫째, 동네 사람들의 존경을 받는 동네 어른. 둘째, 늘 말썽만 부리거나 버릇없는 후레자식. 셋째, 일삼아서 이 집 저 집으로 말을 물어 나르는 입이 잰 여자. 넷째, 틈만 있으면 우스갯소리로 사람들을 웃기는 익살꾼. 다섯째, 좀 모자란 반편^{半偏}이나 몸이 부실한 장애인.[18] 그렇지요. 우리가 어린 시절에 살았던 마을을 떠올려 보면 이것이 얼마나 적확한 분류인지 알 수 있습니다. 마을은 그처럼 다양한 사람을 말없이 품어 안았습니다. 간디가 마을 공동체의 회복을 통해 인도를 바꾸어 나가야 한다고 한 말은 아마도 이 때문일 것입니다.

싸구려 물건을 들고나와 관광객들에게 달라붙는 레바논 아이들을 보면서 저들은 어떤 이야기를 들으며 자랄까 생각했습니다. 전쟁으로 죽어간 가족과 이웃들의 이야기를 들으며 자랄 것입니다. 이야기는 세상을 보는 창문이고 우리가 세상을 보는 방식이라지요? 그 아이들에게 필요한 것은 1달러짜리 지폐가 아니라 희망의 이야기였습니다. 하지만 저는 아무 말도 할 수 없었습니다. 싸늘하게 서로를 응시하고 마음의 벽을 쌓아 올린 채 살았던 이들이 만나 서로가 느낀 고통을 이야기하고, 함께 공감하고, 함께 울 수 있다면 세상은 한결 평화로워질 텐데요. 결국, 종교가 그 역할을 담당해야 합니다. 레바논의 아들 칼릴 지브란은 종교에 대하여 이렇게 말했습니다.

나날의 삶이야말로 너희의 사원이며 종교.
거기에 들어갈 때마다 너희의 모든 것을 가지고 가라.
쟁기와 풀무, 그리고 망치와 피리, 필요에 의해서든
기쁨을 위해서든
너희가 만들었던 모든 것을 가지고 가라.

왜냐하면 몽상 속에서는 너희가 성취한 것 이상으로
오를 수 없으며
너희가 실패한 것 이하로 내릴 수도 없기 때문.
그리고 모든 사람과 함께 가라.
왜냐하면 너희는 그들의 희망보다 높이 날 수 없으며
그들의 절망보다 낮게 너희를 낮출 수도 없기 때문이다.
만약 너희가 신을 알고자 한다면
수수께끼를 푸는 사람이 되지 말라.
그보다 너희의 주위를 둘러보라.
그러면 그분이 너희 아이들과 놀고 있는 것을
보게 될 것이니.
하늘을 바라보라.
그러면 그분이 구름 속을 걸어 다니며,
번개 속에서 팔을 뻗고
빗속에서 내려오시는 것을 보게 될 것이다.
너희는 그분이 꽃 속에서 미소 지으며
나무들 사이에 서서
손을 흔드는 것을 보게 되리라.[19]

서로의 몸을 적시는 작은 몸짓

"나날의 삶이야말로 너희의 사원이며 종교"라는 칼릴

지브란의 말을 진정 인정할 수만 있다면 우리 삶은 변화할 것입니다. 우리가 이 사실을 인정한다면 예전 모습으로 살아갈 수 없습니다. 모든 곳이 거룩한 땅이기 때문입니다. 선생님은 숲을 산책하는 것이 나름대로 경전 읽기라고 하셨지요? 옳은 이야기입니다. 그 마음이면 될 겁니다. 하지만 그것이 숲에 국한되면 안 됩니다. 사람들의 욕망이 만나고 부딪치는 저잣거리나 생선 비린내가 밴 시장 골목조차도 사원과 종교로 삼을 수 있어야 합니다. 매 순간 우리 의식이 깨어 있다면 우리가 머무는 곳이 어디든 그곳은 거룩한 성전입니다. 천문학적인 돈을 들여 화려하고 웅장한 교회당을 짓고, 자기들의 업적에 도취한 이들에게는 참 듣기 싫은 이야기겠지만요.

"거기에 들어갈 때마다 너희의 모든 것을 가지고 가라." 우리가 가진 것이 무엇이든 신에게 가져가면 그것은 신성한 것이 됩니다. '쟁기와 풀무', '망치와 피리', 무엇 하나 신 앞에서 속된 것은 없기 때문입니다. 삶에서 부득이 경험하는 어둠과 부끄러움조차도 다른 이름으로 명명할 생각을 버리고 그분께 가져갈 때 그것은 빛으로 바뀔 수 있습니다. 우리는 그동안 너무 가르는 일에 익숙했습니다. 선과 악, 미와 추, 호와 불호, 성공과 실패…. 하지만 산마다 골짜기가 있고 마루에도 금이 있는 것처럼 삶은 그런 반대

요소들이 교차하면서 생긴 무늬가 아니겠습니까?

"모든 사람과 함께 가라." 신에게 나아가는 길은 누군가를 배제하고 따돌리고 홀로 가는 길이 아닌가 봅니다. 사실 사람은 누구나 '모든 사람'입니다. 우리 속에는 성인과 악인, 어른과 아이가 공존하고 있으니까요. 그중 어느 것 하나를 갈라놓으려고 무리하다 보니까 삶이 힘겨워집니다. 언제나 저를 살갑게 대해 주시는 선생님이, 도무지 제가 정서적으로 가까이하고 싶지 않은 이들과도 잘 어울리시는 것을 보며 참 이상하다고 생각한 적이 있습니다. 그런데 이제는 알겠습니다. 그들도 제 속에 있다는 것을 말입니다. 그동안 저는 평화를 말하면서도 불화를 내면화하고 살아왔던 셈입니다.

> 이 사람은 이래서,
> 저 사람은 저래서 하며
> 모두 내 마음에서 떠나보냈는데
> 이젠 이곳에 나 홀로 남았네.[20]

남의 이야기 같지 않습니다. "만약 너희가 신을 알고자 한다면 수수께끼 푸는 사람이 되지 말라." 지브란이 지성적인 노력을 부정하려는 것은 아닐 것입니다. 다만, 신은 명중한 언어를 통해 이해 가능한 존재가 아님을 일깨워 주려는 것 같습니다. 바닷속에 사는 물고기가 바다를 모르는 것처럼 우리는 신의 현존 안에 살면서도 신을 알지 못하지요. 그래서 그는 우리에게 일상의 현실을 돌아보라고 하는 모양입니다. 아이들과 놀고 있는 신, 구름 속을 걸어 다니는 신, 꽃 속에서 미소 짓고, 나무들 사이에서 손을 흔드는 신…. 그런 신을 볼 수 있도록 눈이 열린 사람은 참 복 받은 사람입니다. 수피교의 현자인 나스루딘의 이야기가 떠오릅니다.

어느 날 그는 약하나마 깨달음의 불꽃을 내면에 간직한 이웃을 보고 말했다. "자네에게 형이상학적인 진리를 가르쳐 주고 싶네." 그러자 그가 대답했다. "반가운 말씀입니다. 언제든 제집에 오셔서 저를 깨우쳐 주십시오." 신비한 지식이 마치 말을 통해 온전히 전달될 수 있는 것인 양 생각하는 것을 보고 나스루딘은 입을 다물었다. 며칠이 지난 후 이웃은 지붕에 올라가 있던 나스루딘을 향해 말했다. "나스루딘, 내 연료가 다 떨어져 가고 있어요. 오셔서 내 불꽃에 숨결을 불어넣어 주실 수 없겠습니까?" 나스루딘은 이렇게 대답했다. "물론이지. 자, 여기 나의 숨이 있네. 이리 와서 자네가 가져갈 수 있을 만큼 가져가게

나."21)

사순절 한복판을 지나며 한국 교회의 모습을 돌아보니
아뜩합니다. 싸잡아 이야기할 수는 없지만, 주류를 형성
한 교회들은 대개 피조 세계의 신음에 무감각하고 세상의
고통에 민감하지 않습니다. 끝없이 타자를 상상하고 그들
과의 차이를 부각해 그들을 배제하면서 구원의 방주에 든
'우리'를 강조합니다. 저는 그들에게서 희망을 보지 못합
니다.

좋은 뜻을 가진 사람들은 점점 지쳐 가고 있습니다. 선
생님은 "아무리 애쓴들 세상이 달라지는가?" 하며 삶의 속
도를 줄이라 하시지만, 절망이 저렇게 깊은데 어떻게 가만
히 있을 수 있겠습니까. 장자는 "말라 가는 수레바퀴 자국
에 고인 물속에서 붕어는 침으로 서로의 몸을 적신다"라고
했습니다. 이런 작은 몸짓이나마 하지 않는다면 세상에 길
든 슬픈 짐승으로 살아가게 될 것 같습니다. 봄 같지 않은
봄이지만, 종내 저는 희망의 봄을 기다립니다. 저 추위에
몸을 곱송그린 새싹들을 위해서라도 봄은 와야 합니다. 봄
볕 한 줌 보태 줄 사람을 기다리는 이들을 위해서라도 말
입니다. 봄볕에 그을린 선생님의 얼굴이 보고 싶습니다.

걸음을 멈추지 않는
이유

선생님, 봄의 한복판입니다. 올해는 유난히 봄이 사랑스럽네요. 사람들은 그게 나이 드는 증거라더군요. 며칠 정신없이 지내다가 눈도 쉴 겸 교회 화단에 나갔는데 거기서 탄성을 질렀습니다. 함박꽃 붉은 싹은 어느새 제법 자라 꼴을 갖추어 가고, 봄이 오건 말건 무슨 상관이냐는 듯 딴청이던 산딸나무도 어쩔 수 없다는 듯 푸른 잎을 머금었습니다. 몇 년째 몸살을 하는 산수유는 뒤늦게나마 잎을 피어올리고 있었습니다. 가시오가피나무 줄기에는 제법 가시가 돋아나 자기가 누구인지를 과시하고 있습니다. 새싹은 '대지가 터뜨리는 감탄사'라던 누군가의 말에 맞장구를 치게 됩니다.

그런데 상사초 푸른 잎은 벌써 지친 기색이 역력하네요. 이 친구를 볼 때마다 "침묵 속에서/ 나는 당신께 말하는 법을 배웠고/ 어둠 속에서/ 위로 없이도/ 신뢰하는 법을 익혀왔습니다"[22]라고 노래한 가슴 따뜻한 시인의 시린 마음이 떠오르곤 합니다. 잎이 다 지고, 그 잎이 얼크러진 후에야 꽃대를 밀어 올려 꽃을 피워 내는 상사초의 어긋난 운명인 듯싶어 가슴이 뭉클합니다.

기다림의 시간

벌써 여러 해가 지났지요? 마음으로는 그리워하면서도 드러내지 못하는 것은 어쩔 수 없는 제 고질병인가 봅니다. 간혹 그곳을 다녀오는 이들을 통해서 선생님이 잘 지내고 있다는 소식을 들었습니다. 하지만 몇 년의 세월이 만만치 않았음을 저는 압니다. 세상에서 제일 괴로운 것은 소통 부재의 상황에 빠지는 것이지요. 내 진심이 그의 가슴에 가닿지 않을 때, 진정을 담은 말이 메아리도 없이 흩어져 버릴 때 우리는 상실감을 느낍니다. 하지만 그것도 견뎌야 할 생의 한 면입니다. 편안하기를 바랐다면 선생님은 한적한 시골 마을을 떠나지 못했을 겁니다. 많은 사람의 만류를 무릅쓰고 새로운 도전이 기다리는 곳으로 떠날 때, 저는 선생님의 가슴에 먼지처럼 소리 없이 쌓여 간 울울함을 얼핏 본 듯싶었습니다. 비가 되어 내리지 못하는 먹장구름처럼 삶이 버거워도 그런 상황을 애써 외면하며 현실에 안주하는 것이 보통이지만, 선생님은 그곳을 떠나시더군요. 그래서 저는 소리 없는 박수를 보냈더랬습니다.

절해고도에 갇힌 채 희망 없는 나날을 보내던 드가는 끝없이 탈주를 감행하는 빠삐용의 결기에 두 손을 들고 맙니다. 집채만 한 파도에 밀려 절벽에 내동댕이쳐질 수도 있건만 빠삐용은 절벽을 새처럼 날아 바다로 뛰어들지요. 그리고 득의의 웃음을 지으며 망망한 바다로 나아갔고, 남겨진 드가는 씨앗이 담긴 바구니를 들고 가축을 돌보기 위해 섬 안쪽으로 걸어 들어갑니다. 그 쓸쓸한 표정이라니. 저는 지금 빠삐용을 꿈꾸던 드가로 살고 있는지도 모르겠습니다. 성서의 사람들이 그러했듯이 우리는 이미 '떠나라'는 명령을 받아 놓고 제자리에서 살고 있습니다. 애집하는 것을 만들지 말아야 그 명령에 순종할 수 있겠지요? 우리의 스승 예수님은 제자들을 세상에 내보내시면서 사람들이 차려 주는 것은 무엇이든 달게 먹으라고 하셨습니다. 그것이 칭찬이든 모욕이든 말입니다. 쉽지 않은 일입니다. 사람이 조금 겸손해지기 위해서는 많은 모욕을 견뎌야 한다지요? 그런데 어쩌지요? 우리는 칭찬에만 익숙해지고 있으니 말입니다.

세상일에는 다 때가 있는 법이지요. 그렇기에 기다림은 지혜요 사랑입니다. 니코스 카잔차키스의 조르바가 들려주는 이야기가 기억나네요. 어느 날 아침 그는 나뭇등걸에 붙어 있는 나비 집을 발견했습니다. 나비는 마침 집에서 나오려고 고치에 구멍을 내던 참이었습니다. 그는 눈앞에서 벌어지는 생명의 기적을 지켜보려고 한참을 기다렸습니다. 하지만 그 과정이 너무 더디어 참기가 힘들었습니다. 급기야 그는 허리를 굽히고 입김으로 그것을 덥히기 시작했습니다. 마침내 생명의 속도보다 빠른 기적이 일어났습니다. 집이 열리고 나비가 엉금엉금 기어 나온 것이지요. 하지만 그는 금방 공포에 사로잡힙니다. 나비의 한쪽 날개가 뒤로 붙은 채 구겨져 있었기 때문입니다. 나비는 떨면서 날개를 펴 보려고 기를 썼습니다. 자책감에 사로잡힌 조르바는 나비가 날개 펴는 것을 도우려고 해 보았지만 부질없는 노릇이었습니다. 결국, 나비는 그의 손바닥 위에서 죽고 말았습니다. 그는 자신의 입김이 나비가 나올 시간보다 앞당겨 나오도록 강요했음을 뒤늦게 깨달았습니다. "날개를 펴는 일은 태양 아래에서 천천히 진행되는 작업이어야만 했다."[23] 저는 이것이 조르바의 생에 있어서 사소하지만 근본적인 경험이었을 것이라고 생각합니다.

복음서를 읽다가 제자들을 대하는 예수님의 마음에 가슴이 뭉클해질 때가 많습니다. 예수님에게는 억지가 없습니다. 제자들의 무지와 무능을 탄식하실 뿐 그들에게 상처가 되는 말은 하지도 않고 화를 내지도 않습니다. 그저 민

어 주고 기다리실 뿐입니다. 사랑은 바라고 믿고 참아 내
는 것이라지요. 그 사랑 덕분에 제자들은 새로운 세상의
주춧돌 혹은 징검돌이 될 수 있었던 게 아닐까 싶네요. 종
교란 생명의 신비에 대한 반응이고 우주의 무한함에 대한
외경심일 텐데, 오늘의 한국 교회는 상인 근성이 지배하는
시장 거리가 된 것 같아 암담합니다. 크기의 신화가 진실
과 생명을 압도하고 있습니다. 눈빛이 살아 있던 젊은 구
도자들도 교회 구조 안에 들어가는 순간부터 야성을 잃어
버리고 맙니다. 주님이 이런 우리를 끝내 기다려 주실지
모르겠습니다.

　권위주의의 옷을 한사코 거부해야 할 사람들이 기꺼이
그 옷을 구매합니다. 아니, 자기 손으로 만든 옷을 입고 거
들먹거립니다. 누가 보아도 어울리지 않는 옷인 줄 오직
그만 모릅니다. 정신의 크기보다는 교회의 크기가, 인격의
향기보다는 타고 다니는 차의 크기가 그 사람의 존재로 인
정되는 오늘의 교회 현실이 암담합니다. 꿩 잡는 게 매인
가요? 도덕적으로 수용하기 어려운 일을 저지른 사람이라
해도 그가 큰 교회를 담임하고 있으면 면죄부가 주어지는
판입니다. 통렬한 참회도 없어요. 그러니까 사람들은 더욱
크기에 집착하게 됩니다. 교회는 이제 공신력을 잃어 가고
있습니다. 생명의 신비를 말하고, 우주의 무한함에 대한 외

경과 기다림을 말하는 사람들은 세상모르는 철부지로 취급받는 게 오늘 우리의 현실입니다. 하지만 어쩌겠습니까? 그러려면 그러라지요. 저는 제 속도에 따라 살겠습니다.

기억의 신비한 능력

아우슈비츠 수용소에서 살아남은 엘리 위젤은 《흑야》, 《새벽》, 《팔티엘의 비망록》, 《예루살렘의 거지들》, 《벽 너머 마을》 등의 소설을 통해 1980년대 초반 제 가슴을 뛰게 만든 작가입니다. 놀랍게도 그는 1986년 노벨 평화상을 받았습니다. 문학상이 아닌 평화상을 말입니다. 다소 의외이기는 했지만, 나중에는 그럴 만하다고 생각했습니다. 그는 수상 기념식에서 하시딤에서 전해 오는 아름다운 전설 하나를 들려주었습니다.

위대한 랍비 바알 셈 토브는 매우 긴급하고 위험한 임무를 수행해야 했습니다. 그것은 메시아의 도래를 앞당기는 일이었습니다. 유대인은 물론이고 모든 인류가 너무 큰 고통을 당하고 있었기에 그들은 메시아의 강림을 학수고대하고 있었던 것입니다. 하지만 메시아의 도래를 앞당기는 일은 하나님의 역사에 부당하게 간섭하는 것입니다. 바알 셈 토브는 그 대가로 벌을 받게 되었습니다. 그는 자신의 신실한 종과 함께 먼 섬에 유배되었습니다. 종은 위대한 랍비에게 함께 집으로 돌아갈 수 있도록 신비한 능력을 발휘할 것을 종용합니다. 하지만 랍비는 그것이 불가능하다며 침통하게 말합니다. "내 힘은 사라져 버렸다네." 종은 다급하게 말합니다. "그렇다면 어서 기도를 드리세요, 탄원의 기도를 바치세요. 그리고 기적을 행하세요." 랍비는 맥없이 대답합니다. "그것도 불가능하네. 나는 기도문을 하나도 기억할 수가 없어. 모든 것을 잊어버리고 말았어." 둘은 함께 울었습니다. 그러다가 바알 셈 토브는 좋은 생각이 떠오른 듯 종에게 부탁합니다. "자네가 내게 기도를 상기시켜 주게나. 어떤 기도든 말이야." 하지만 종은 침통한 표정으로 말합니다. "그럴 수 있다면 좋겠지만 저 역시 아무것도 기억할 수가 없습니다." "모두 다?" "예, 하나…." "하나라니, 뭐?" "알파벳만 빼고요." 짧은 문답 끝에 랍비는 기뻐하며 외쳤습니다. "그럼 뭘 기다리고 있나? 그 알파벳을 암송하게. 천천히. 내가 따라 할 수 있도록." 종이 먼저 말하고 주인이 따라 하며 둘은 함께 알파벳을 암송했습니다. 처음에는 나지막하게, 나중에는 큰 소리로. "알레프*Aleph*, 베트*beth*, 김멜*gimel*, 달레트*daleth*…." 그들은 히브리 알파벳을 열정적으로 암송했습니다. 결국, 바알 셈 토브는 그의 기억을 되찾았고, 그의

신비한 능력도 되찾게 되었습니다.[24]

    이야기 끝에 엘리 위젤은 여기 담긴 두 가지 중요한 교훈을 끄집어냈습니다. 첫째, 사람이 자기 상황의 질곡에서 벗어나도록 북돋는 데 우정이 얼마나 중요한 역할을 하는지 밝히 보여 줍니다. 둘째, 기억의 신비한 능력에 관해 말해 줍니다. 기억이 사라진다면 우리 실존은 마치 빛이 들지 않는 감방처럼 황량하고 우중충한 것이 되고 말겠지요.

    〈거대한 뿌리〉를 쓴 김수영 시인이 생각납니다. 삶이 힘들었던 게지요. 아니, 역사 속에서 벌어지는 온갖 일이 오욕의 물결이 되어 시인의 감성을 뒤흔들어 놓았던 게지요. 근대와 전근대의 착종, 진보와 보수의 힘겨루기, 물질과 정신의 자리바꿈, 그 난장 속에서 토악질을 해 대던 시인은 어느 날 이사벨라 버드 비숍 여사의 글을 읽다가 우리 역사의 뒤안길을 둘러보게 됩니다. 외국인의 눈에 비친 이상한 나라의 풍경이야말로 부정할 수도 단절할 수도 없는 우리 역사임을 받아들입니다. 그다지 자랑스러울 것도 없지만, 그렇다고 부끄럽다고 외면할 것도 없는 것이 역사입니다. 아니, 부끄러워했던 역사가 오히려 자신의 뿌리임을 그는 자각하게 되지요.

傳統은 아무리 더러운 傳統이라도 좋다. 나는 光化門
네거리에서 시구문의 진창을 연상하고 寅煥네
처갓집 옆의 지금은 埋立한 개울에서 아낙네들이
양잿물 솥에 불을 지피며 빨래하던 시절을 생각하고
이 우울한 시대를 패러다이스처럼 생각한다

버드 비숍 女史를 안 뒤부터는 썩어빠진 대한민국이
괴롭지 않다 오히려 황송하다 歷史는 아무리
더러운 歷史라도 좋다
진창은 아무리 더러운 진창이라도 좋다
나에게 놋주발보다 더 쩽쩽 울리는 追憶이
있는 한 人間은 영원하고 사랑도 그렇다[25]

'놋주발보다 더 쩽쩽 울리는…' 대목을 읽을 때마다 제
마음속에 잠들어 있던 종소리가 요란하게 울리는 것을 느
끼곤 합니다. 아름다운 기억만 소중한 것은 아니지요. 슬프
고 고통스러운 기억도 소중합니다. 잊을 수 있다는 사실이
고마울 때도 많습니다. 매 순간 살면서 겪어 온 고통이 생
생하게 떠오른다면 어떻게 살 수 있겠습니까. 그렇기에 우
리는 망각의 은총을 달라고 빌기도 합니다. 인생은 어쩌면
즐거운 기억과 고통스러운 기억으로 엮은 실을 씨실로 삼

고, 보이지 않는 돌봄의 손길을 날실로 삼아 짜 내려가는 태피스트리^{tapestry}인지도 모르겠어요. 하지만 잊지 말아야 할 것은 잊지 말아야지요.

조금 전에 새만금 어민들이 그린 지도를 들여다보았습니다. 어민들은 마치 기억이 사라지기 전에 자기 몸에 메모를 남기는 〈메멘토〉의 주인공처럼 평생을 지켜 온 개펄이 사라지기 전에 기억을 더듬어 생태 지도를 작성한 것입니다. 지도에는 소라, 죽합, 노랑조개, 개우렁 등 어패류가 많이 잡히던 곳이 표기되어 있고, 조개풀, 오전풀, 속풀, 광장풀, 구복작, 삼성풀, 만전연풀, 갈련초, 새땅 등 갯벌에서 자라는 식물들의 위치도 그려져 있습니다. 이름만으로도 정겨운 이 생명들이 소리 없이 죽어 갈 생각을 하니 가슴이 미어집니다. 언젠가는 죽어 간 생명체들이 큰 함성이 되어 우리의 죄를 꾸짖을 것만 같습니다. 모두가 시간의 가속 페달을 밟고 있는 인간 중심의 문명이 만들어 낸 폭력입니다.

시간을 앞당기려고 서둘다 보면 가장 소중한 것을 망각하게 됩니다. 삶의 뿌리 말입니다. 인디언들은 말을 타고 달리다가도 잠시 멈추곤 했다지요. 영혼의 속도는 말의 속도를 따를 수 없기에 영혼이 당도하기를 기다리는 것이라더군요. 시간 속의 성소인 '안식일'의 의미도 그런 것이 아닌가 싶습니다. 잠시 멈추어 서라는 것이지요. 분주함 속에서는 성찰이 불가능합니다. 선생님이 살아가면서 보고 듣고 느끼는 것들을 기록했던 것도 망각에 대한 저항의 몸짓이 아니었던가요.

'인간다움'을 잃지 않으려는 노력

로쉬 하샤나*Rosh Hashana*는 유대인들의 설날입니다. 그레고리력으로는 9월이나 10월이 된다더군요. 그들은 설날을 욤 하지카론 *Yom Hazikaron*이라고도 부르지요. '기억의 날'이라는 뜻입니다. 무엇을 기억하라는 것일까요? 살아온 지난날을 돌아보며 참회하라는 뜻이 아닐까요. 동시에 뿌리를 잊지 말라는 뜻일 테고요. 하나를 더 보탠다면 하나님이 그들의 고통을 결코 잊지 않으신다는 사실을 다시 한 번 확신하라는 것이겠지요.

기억은 그런 의미에서 자기 동일성의 뿌리입니다. 시간 속에서 살아가면서 우리는 시대나 가까운 이들과 불화를 겪게 마련이지만, 그런 과정이 만들어 낸 기억의 응축을 통해 자아를 형성하는 것입니다. 아우구스티누스는 시간에는 과거의 현재, 현재의 현재, 미래의 현재, 이렇게 세 가지 때가 있다면서 그것은 오로지 영혼 안에 있다고 말합니다. 즉 "과거는 현재의 기억이요, 현재의 현재는 목격함이요, 미래의 현재는 기다림"이라는 것이지요. 기억을 잃는다는 것은 그러니까 자신이 경험해 온 세계와 자기 자신을 연결할 능력을 상실한다는 뜻인 동시에 현재를 꿰뚫어 알기도 어렵고 미래를 전망하기도 어렵다는 말이겠습니다. 현실은 우리에게 과거를 잊으라고 말합니다. 우리가 누구인지, 어디를 향해 가는지 모두 잊으라고 합니다. '실존'이란 자기 바깥에 서는 일일진대 현대인들에게 이 일처럼 힘겨운 일은 없는 모양입니다. 하이데거의 말처럼 잡담과 호기심, 애매성 속에서 부유할 뿐입니다. 자기와의 대면을 한사코 연기하는 것이지요. 일종의 전략입니다.

미국에 노예로 팔려간 서부 아프리카인들 가운데는 자신들의 고유한 문화를 보유하고자 애쓴 사람들이 있었습니다. 심지어 노예로 붙잡혀 있는 동안 아랍어로 문서를 기록한 이도 있답니다. 바로 오마르 이븐 사이드입니다. 그는 노스캐롤라이나 농장에서 아랍어로 자서전을 썼다는군요.[26] 그의 기록 행위는 자기가 누구인지를 잊지 않으려는 몸부림이었을 겁니다. 누가복음 15장에 나오는 작은 아들이 아버지 집으로 돌아올 수 있었던 것은 기억이 회복되었기 때문입니다. 기억을 뜻하는 영어 단어 'remember'는 '다시 구성원이 되다'라는 뜻이 아닐까요? 기억이야말로 사람들을 하나로 묶어 주는 끈일 테니 말입니다.

엘리 위젤은 아우슈비츠 생존자들이 앞서 죽어 간 이들에 대해 증언할 책임이 있다고 말합니다. 희생자들의 고독과 슬픔, 거의 미쳐 가던 어머니들의 눈물, 불붙는 하늘 아래서 드리는 불운한 이들의 기도 등을 말입니다.

그들은 엄마 뒤에 숨어서 아주 부드럽게 "지금 울어도 돼요?"라고 묻던 소녀에 대해 말해야 합니다. 그들은 굳게 잠긴 짐칸에서 동료들에게 바치는 선물인 양 노래를 시작한 병든 걸인에 대해 말해야 합니다. 그리고 할머니를 껴안으며 "두려워하지 마세요. 죽는 것을 너무 염려하지 마세요. … 나는 두렵지 않아요"라고 속삭였던 어린 소녀에 대해서도. 두려움 없이, 후회도 없이 죽음을 향해 나아갔던 어린 소녀는 겨우 일곱 살이었습니다.[27]

기억을 기록하는 행위는 '인간다움'을 잃지 않으려는 노력입니다. 내가 누구인지, 내가 어디로 가고 있는지, 내가 무엇을 위해 사는지 기억이 나지 않을 때, 길을 잃지 않기 위해서입니다. 엄펑스럽게 우리를 끌고 다니는 시간, 때로는 가혹하게 시린 등을 밀어젖히는 시간 속에서 걸음을 멈추지 않는 것은 기억을 공유하는 사람들이 있기 때문입니다. 혼자가 아니었다는 사실이 바알 셈 토브에게는 하나님의 가장 큰 배려입니다.

선생님, 참을 찾아가는 길이 쉽지 않습니다. 하지만 어디에서라도 그 길을 걷는 이가 있다는 것은 얼마나 가슴 벅찬 일인지요. 그 길 위에서 저를 다시 불러 주니 참 고맙고 기쁩니다. 함석헌 선생님의 시로 인사를 대신합니다.

참 찾아 예는 길에 한 참 두 참 쉬지 마라
참참이 참아가서 영원한 참 갈 것이니
참든 맘 참 참을 보면 가득 참을 얻으리.[28]

2부

사람다움의

꽃이 피도록

서러움마저 ─────
부둥켜안고

선생님, 다소 홀가분한 표정으로 떠나는 뒷모습을 보면서 기도를 올렸습니다. "그의 마음에 깃들었던 사랑이 미움으로 바뀌지 않게 해 주십시오. 그가 겪어야 할 번민의 시간을 영적인 성숙의 기회로 만들어 주십시오."

처음 선생님이 쓸쓸한 목소리로 상담을 청했을 때 솔직히 마음이 내키지 않았습니다. 낯모르는 사람이 살아온 내력을 듣는 일도 고통이려니와 상황에 맞게 충언을 해 줄 수 있을지 확신할 수 없었기 때문입니다. 전화를 끊고 마음에 얼른 떠오른 것이 사르트르였습니다.

어느 날 한 젊은이가 번민을 안고 그를 찾아왔습니다. 젊은이의 마음은 조국을 위해 레지스탕스 운동에 가담하고 싶다는 욕구와 어머니를 돌보아 드려야 한다는 현실적인 책임감 사이에서 찢기고 있었습니다. 이야기를 들은 사르트르의 대답은 "당신 뜻대로 하라"였습니다. 너무 냉담한 반응인 듯싶어 당혹스러워하는 독자들에게 사르트르는 말합니다. 충고를 구하는 사람은 길을 찾는 것이 아니라 자기의 결정을 추인해 주는 권위를 찾고 있다고 말입니다. 다시 말해, 내심으로는 이미 결정을 하고 왔다는 것이지요.

30년쯤 전에 이 글을 읽었나 봅니다. 목사로 살아온 지도 20년이 넘었으니까 그동안 꽤 많은 사람의 상담자 역할을 해 온 것 같습니다. 때때로 사르트르의 말이 떠오를 때도 있었지만, 한 번도 "당신 뜻대로 하라"고 하지 못했습니다. 그 상황에서 가장 좋은 선택이 뭘까 고민했고, 나름대로 관점을 가지고 길을 가리킬 때도 있었습니다. 사르트르가 보면 어리석다고 웃을지도 모르겠지만, 그래도 의견을 구하러 온 사람에게 나름의 답은 주어야 한다고 생각했기 때문입니다. 물론 입장의 동일함이 전제되지 않은 이해는 불가능합니다. 삶의 자리에 따라서 생각하는 방식이 확연히 달라지기 때문입니다. 그렇다고 해서 상대방을 이해하려는 노력조차 하지 않는다면, 그것은 소통을 지레 포기하는 일이기에 더욱 나쁜 것이 아닐까요?

함께 아파하는 마음

선생님의 이야기를 들으면서 가슴이 아팠습니다. 홀연히 찾아온 사랑 때문에 속앓이하는 사람이 한두 명이겠습니까만, 지성으로 다가가 좀 거리가 좁혀졌겠지 하는 순간 상대가 꼭 그만큼 뒷걸음질 치는 모습을 볼 때 심정이 오죽하겠습니까? 참 알다가도 모를 것이 사람 마음입니다. 한편의 이야기만 듣고 관계를 판단할 수는 없는 노릇이어서 잠자코 선생님의 이야기에 귀를 기울일 수밖에 없었습니다. 하지만 선생님의 상대방도 참 안됐다는 생각이 들었습니다. 어린 시절에 받았던 학대의 기억은 결코 과거지사일 수 없습니다. 그것은 지금의 삶을 불구로 만드는 악마적 힘이 되기도 합니다. 선생님 곁을 떠났다가 다시 돌아오곤 하는 반복적 행위의 이면에는 안정적 사랑에 대한 희구가 숨어 있는 것이 아닐까 생각했습니다. 사랑하고 싶지만, 사랑에 빠질 수 없는 기막힌 현실을 그분은 견딜 수 없는 것인지도 모릅니다. 한 번도 본 적이 없지만, 그분이 현실에 대한 공포를 느끼는 것은 아닐까, 혹은 자신을 통제할 수 없다는 무력감에 빠진 것은 아닐까 싶습니다.

선생님, 이제는 좀 화가 난다고 하셨지요. 지쳤다고도 했습니다. 내적인 아름다움보다 외적인 꾸밈에 더 마음을 쓰는 그분이 딱하다고요. "부싯돌도 두 개가 있어야 불꽃을 만들 수 있지요. 한 개의 돌만으로 어찌…" 말끝을 흐리는 선생님의 눈망울에 물이 고였더랬습니다. 그래서 저는 선생님의 속상한 마음에 새겨진 사랑을 알아차릴 수 있었습니다. 물론 사랑은 한쪽으로 기울어 보입니다. 사랑은 어느 쪽에서 보더라도 항상 똑같아야 하는데, 그렇지 못하니까요. 그래도 그 사랑을 놓치고 싶지 않은 것이 선생님의 속마음이었습니다. 제가 "긍휼히 여기면 이해할 수 있다"라고 말했던 것도 그 마음을 읽었기 때문입니다.

자비慈悲라는 말을 생각해 보세요. 사랑할 자慈는 상대의 마음이 되는 것, 그래서 그의 유익을 구하는 마음입니다. 슬플 비悲는 그를 위해 애태우는 마음이겠지요. 누군가 "초는 자기 몸을 태워 빛을 발하지만, 사람은 이웃을 위한 애태움을 통해 빛을 발한다"고 하더군요. 빛이란 자비의 마음 자체인지도 모르지요. 하나님의 사랑을 뜻하는 'compassion'이라는 단어 속에는 사랑하기에 함께com 아파하는passion 그분의 마음이 담겨 있습니다. 십자가는 우리를 향한 하나님의 아픈 사랑이 물적으로 드러난 것이 아니겠습니까. 작가 이외수는 "사랑을 달콤하다고 표현하는 사람은 아직 사랑을 모르는 사람"이라고 하더군요. 다소 길지만 그의 글을 인용하겠습니다.

그대가 만약 누군가를 사랑한다면 자신을 백미터 선수에 비유하지 말고 마라톤 선수에 비유하라. 마라톤의 골인 지점은 아주 멀리에 위치해 있다. 그러므로 초반부터 사

력을 다해 달리는 어리석음을 삼가라. 그건 백미터 선수
에 해당하는 제비족들이나 즐겨 쓰는 수법이다.

　그러나 그대가 아무리 적절한 힘의 안배를 유지하면서
달려도 골인 지점을 통과하기 전까지는 계속적으로 고통
이 증대된다는 사실을 명심하라. 따라서 계속적으로 증대
되는 고통을 감내하지 못한다면 아직은 선수로서의 기본
정신이 결여되어 있는 수준임을 명심하라.

　진정한 마라톤 선수는 달리는 도중에 절망하지 않는
다. 사랑하는 사람의 절교 선언이나 배신 행위에 개의치
말라. 사랑은 그대 자신이 하는 것이다. 진정한 마라톤 선
수는 발부리에 음료수 컵 따위가 채이거나 눈앞에 오르
막 따위가 보인다고 기권을 선언하지 않는다. 그대도 완
주하라.

　그러나 마라톤에서의 골인 지점은 정해져 있지만 사랑
에서의 골인 지점은 정해져 있지 않다. 경우에 따라서는
한평생을 달려도 골인 지점에 도달하지 못할 수도 있다.
그렇다. 사랑은 그대의 한평생을 아무 조건 없이 희생하
는 것이다. 그러기에는 자신의 인생이 너무 아깝고 억울
하다면 역시 진정한 사랑을 탐내기에는 자격 미달이다.[29]

사랑은 참 어려운 것이네요. 작가의 말대로라면 저도 선

수로서 기본 정신이 결여되어 있음을 인정하지 않을 수 없습니다. 최초의 사랑은 감성적인 이끌림으로 시작되지만, 의지가 뒷받침되지 않으면 사랑은 그을음만 남기고 사위는 불꽃과 같은 것이겠지요. 선생님은 그러니까 지난한 과정에 발을 들여놓으신 셈입니다. 지아비를 버리고 외간 남자를 따라가곤 하는 여인 고멜을 사랑하라는 말씀 앞에서 호세아가 느꼈을 아득함이 떠오릅니다. 사랑의 집은 사랑하는 이들이 함께 겪어 낸 시간이 덧쌓여 이뤄 낸 구축물입니다. 기쁨과 슬픔, 희망과 절망, 따뜻함과 차가움, 사랑과 미움, 감사와 원망이 뒤섞이며 이뤄 낸 아늑한 공간, 그곳이야말로 창조적 생명의 뿌리일 겁니다. 분초를 다투는 가속의 시간에서 살아가면서 시퍼렇게 멍든 사람들의 가슴은, 지속을 본질로 하는 사랑이 아니고는 회복될 길이 없습니다. 그러니 사랑조차 일회용품처럼 소비되고 마는 오늘의 현실은 얼마나 참혹한 것입니까? 그런 의미에서 선생님의 순애보적인 사랑은 아름답습니다.

사랑의 수고와 원망

한 가지 염려되는 것이 있습니다. 상대에게 바친 자신의 노력과 정성을 저울에 올려놓는 순간 사랑은 황홀한 빛을 잃고 잿빛으로 변하고 맙니다. 어떤 일이든 마찬가지입니다. 부모들도 가끔 철없는 자식들이 원망스러울 때가 있습니다. 그럴 때면 "내가 너를 어떻게 키웠는데…" 하는 말이 절로 터져 나옵니다. 가끔 교회에서 시험에 드는 이들도 대개 교회 일에 헌신적으로 동참하던 이들입니다. 마음을 담아 일해 보지 않은 이들은 시험에 들 일도 별로 없습니다. 내가 '아' 하면 그가 '어' 하고 반응하기를 바라는 것은 당연한 일이겠습니다. 내 마음에 기쁨이 있어 사랑의 수고를 했다면 그것으로 됐지, 보상을 기대하는 것은 삶의 군더더기가 아닐까요?

《세설신어》에 이런 이야기가 나옵니다.

산음山陰에 살던 왕휘지가 잠에서 깨어나 창문을 열어 보니 온통 흰 빛이었습니다. 밤사이에 큰 눈이 내렸던 것입니다. 그는 술을 따르라 명하고는 일어나 거닐면서 좌사左思의 초은시招隱詩를 외다가 갑자기 벗인 대규戴逵 생각이 났습니다. 이때 대규는 섬계剡溪에 있었습니다. 그는 밤새 배를 타고 가서 대규 집 문 앞에 이르렀습니다. 하지만 그는 들어가지 않고 돌아섰습니다. 어떤 사람이 까닭을 물었습니다. 그는 이렇게 대답했습니다. "내가 흥이 일어 왔다가 흥이 다하여 돌아가니, 어찌 꼭 대규를 보아야 하는가?"[30]

처음 이 글을 대했을 때 왕휘지의 태도가 '쿨'하다고 느꼈습니다. 우리가 이런 마음으로 살면 원망할 일도 없을 것 같습니다. 자기를 열어 누군가와 관계를 맺으며 살다 보면 상처받기 쉽습니다. 상처가 두려워 마음의 빗장을 지르고 사는 사람들도 있지요. 하지만 어차피 살아간다는 것은 상처를 주고받는 것이고, 또 상처를 치유해 가는 과정일 텐데 상처를 받아도 좋다는 열린 마음으로 살아가야 속이 편안할 것 같아요. 선택의 여지도 더 많이 생길 거고요.

그런데 저는 선생님에게서 위기의 징후를 보았습니다. 그것을 뭐라 해야 할지, 굳이 말하자면 '큰아들 콤플렉스'라고 할까요. 누가복음 15장에 나오는 '탕자의 비유' 아시지요? 대개 사람들은 집을 나가서 방탕한 세월을 보내다 돌아온 작은아들과 무조건적인 사랑으로 그를 받아들인 아버지에게 눈길을 주지만, 저는 큰아들에게서 제 모습을 봅니다. 그는 아버지의 마음 아픔을 헤아릴 줄 아는 철든 아들입니다. 아버지의 명을 어기지 않습니다. 언행도 가지런하고, 낯빛도 공손했을 겁니다. 누가 보아도 맏아들다웠겠지요. 하지만 동생이 돌아오자 모든 것이 일순간에 변하고 맙니다. 한마디로 폭발하는 거지요. 그는 동생과 자기를 비교합니다. 도덕적 우월성이 자기에게 있다는 것입니다. 그는 아버지의 태도를 납득할 수 없습니다. 자기를 위해서

는 염소 새끼 한 마리 내준 일이 없던 아버지가 가산을 탕
진하고 돌아온 동생을 위해 살진 송아지를 잡다니, 이건
말이 안 되는 일이지요.

이런 항변을 가만히 듣고 있던 아버지의 말씀은 큰아들
의 삶이 어디에서 어긋났는지 간접적으로 드러내고 있습
니다. "얘야, 너는 늘 나와 함께 있으니 내가 가진 모든 것
은 다 네 것이다. 그런데 너의 이 아우는 죽었다가 살아났
고, 내가 잃었다가 되찾았으니, 즐기며 기뻐하는 것이 마땅
하다"(눅 15:31-32). 그는 이제껏 아버지 집에서 종살이하고
있었던 것이지요. 어떻게 된 일일까요?

취약함을 드러내는 용기

카를 구스타프 융은 사람은 '나(자아)'를 가지고 있고 그
것을 통해 바깥세상과 어울릴 뿐 아니라, '나'를 통해 자기
마음 깊은 곳을 살핀다고 말했습니다. 그런데 자아의식 속
에는 '우리'라는 집단적 견해, 집단적 가치관 또는 행동 규
범이 들어와 있답니다. 사람들은 집단이 개인에게 강요하
는 가치관이나 행동 규범을 마치 자기 것인 양 착각하는
경우가 생긴다는 거지요. 이렇게 집단 속에서 살아가는 가
운데 집단이 요구하는 태도, 생각, 행동 규범, 역할을 분석
심리학은 '페르소나(가면)'라고 부릅니다. 사람은 세상에서

살아가는 동안 여러 가지 페르소나를 썼다 벗었다 하면서 집단에 적응해 나갑니다. 제가 말하는 '큰아들 콤플렉스'는 그러니까 자기의 페르소나를 자기와 동일시하는 데서 생기는 자기 분열의 징후입니다. 착한 아들, 철든 아들이라는 페르소나 밑에서 내적 인격은 곪아 가고 있었던 것이지요. 내적 인격과 외적 인격의 틈이 벌어지면서 그는 병든 사람이 되었습니다. 동생을 보고 화를 내는 이유는 동생의 모습이야말로 자기의 그림자이기 때문입니다. 자아의 어두운 면인 그림자는 자아로부터 배척되어 무의식에 억압되어 있던 성격입니다. 자아의식의 한쪽 면을 지나치게 강조하면 그림자는 그만큼 반대편 극단을 나타낸다지요? 지나치게 도덕적인 사람의 내면에는 일탈하고픈 욕망이 들끓고 있을 가능성이 크다고 봐야 할 겁니다.

예수님은 형제나 자매에게 성내는 사람은 누구나 심판을 받는다고 말씀하셨습니다(마 5:22). 우리가 형제나 자매에게 성을 내는 이유는 그들에게서 자신의 그림자를 보았기 때문일지도 모르겠어요. 그러니까 성을 내는 행위 자체가 자기에 대한 심판인 셈이지요. 걸핏하면 화를 내는 사람, 남에 대해서 이러니저러니 말이 많은 사람, 오만한 태도로 사람을 주눅 들게 하는 사람일수록 내면에 상처가 많다고 봐야 합니다.

사람의 성숙이란 자기 속에 있는 그림자를 의식에 동화시키는 것이라고 하더군요. 마음공부를 하는 이들에게 가장 중요한 것은 자기 마음을 지켜보는 일이에요. 희노애락 애오욕의 온갖 감정이 자기 속에서 일어났다가 스러지는 것을 지켜보다 보면, 감정의 노예살이에서 벗어날 수 있기 때문이지요. 화가 불쑥 치밀어 오를 때 화를 내는 자기를 가만히 지켜보면 저절로 화가 삭지 않던가요? 이것이 그림자를 의식에 통합하는 과정이 아닐는지요.

선생님, 너무 착한 사람이 되려고 하지 마세요. 말이 좀 이상하지요. 화 잘 내는 사람이 되라는 뜻이 아닌 것은 아시지요? 자기 이미지에 집착하며 살다 보면 겉으로는 그럴싸해 보여도 내면은 황폐해지는 경우가 많기 때문입니다. 내적인 여백이 적어질수록 작은 상처에도 큰 신음을 내게 됩니다. 두 분이 함께 지내 온 세월이 벌써 여러 해지만, 미루어 짐작하기를 바랐을 뿐 서로의 내면을 응시하려는 노력은 게을리했다고 하셨지요? 사랑은 상처받길 두려워하지 않으면서 자기의 취약함을 드러내는 용기가 아닐까요? 그분에게 선생님은 언제라도 돌아가 쉴 수 있는 언덕이었습니다. 하지만 그 언덕이 그리 든든하지 못하다는 사실을 이제는 알려야 합니다. 취약함을 나눌 수 있을 때 진정한 관계가 시작되는 것이니까요. 허수경의 시를 들려드릴게요.

가지에 깃드는 이 저녁

고요한 색시 같은 잎새는 바람이 몸이 됩니다
살금살금, 바람이 짚어내는 저 잎맥도
시간을 견뎌내느라 한 잎새에 여러 그늘을 만드는데
그러나 여러 그늘이 다시 한 잎새 되어
저녁의 그물 위로 순하게 몸을 주네요
나무 아래 멈춰 서서 바라보면 어느새 제 속의 그대는
청년이 되어 늙은 마음의 애달픈 물음 속으로
들어와 황혼의 손으로 악수를 청하는데요
한 사람이 한 사랑을 스칠 때
한 사랑이 또, 한 사람을 흔들고 갈 때
터진 곳 꿰맨 자리가 아무리 순해도 속으로
상처는 해마다 겉잎과 속잎을 번갈아 내며
울울한 나무 그늘이 될 만큼
깊이 아팠는데요[31]

　시인은 산다는 것은 서로에게 기대면서 견디고 버티는
것이 아니겠냐고 말합니다. 그렇지요. 미우니 고우니 해도
사랑할 사람이 있다는 것은 얼마나 고마운 일입니까. 사랑
은 아프지만, 그 아픈 사랑을 통해 더 튼실한 삶의 집을 짓

게 되니 그 또한 고마운 일이지요.

그분이 돌아올 수 있도록 품이 더 넉넉해지면 좋겠다고 하니, 선생님은 눈물을 글썽이며 제 손을 덥석 잡고 고맙다고 말했습니다. 어쩌면 선생님이 듣고 싶었던 것은 흔들리는 마음을 붙잡아 줄 한 마디 말이었는지도 모르겠습니다. 그래요. 그 마음이면 됩니다. 또다시 눈물을 흘려야 할지도 모르지만, 아프고 서러운 그분의 과거와 현재, 그리고 미래를 송두리째 부둥켜안을 푼푼한 마음이 있다면 두려울 게 무엇이겠습니까.

모내기하는 손길이 분주한 때입니다. 논에 심긴 여린 모를 보면 안쓰럽지만, 곧 든든하게 뿌리내려 무성하게 자랄 것을 생각하면 흐뭇합니다. 선생님의 수고와 땀 흘림이 아름다운 사랑의 열매로 맺히기를 기도합니다. 언젠가 활짝 웃는 낯으로 다시 만날 날을 기약합니다.

자유를 향해 ─────
길을 떠날 시간

선생님, 좋은 강의를 해 주셔서 감사합니다. 제가 "동북아시아의 정세와 한반도의 상황"에 대해 강의를 부탁드린 까닭은 젊은이들에게 우리 시대를 바라보는 하나의 관점이라도 제공해 주었으면 하는 바람 때문이었습니다.

얼마 전 서울대학교 총학생회가 한총련과 관계를 단절한다는 보도를 보았습니다만, 청년들의 탈정치화는 심각한 정도에 이른 것 같습니다. 오죽하면 서울대학교 정운찬 총장이 한총련과의 단절 선언을 비판하면서 "학생들이 때로는 나라 걱정도 해야 한다"라고 말했겠습니까? 새만금 문제나 평택 미군 기지 이전 문제 등 우리 시대의 주요 현안에 대해 자기 나름의 분명한 견해를 가지고 말하는 이들을 만나 보기 어렵습니다. 기득권자들의 논리를 비판적 검토조차 없이 받아들이면서, '아니요'라고 말하는 사람들을 혼란을 조성하는 불순분자쯤으로 바라보는 냉소적 시선이 많은 것 같습니다. 냉소주의는 비겁한 자들의 운명이라지요? 타르코프스키 감독은 현대인의 위대함은 저항에 있다고 말했습니다.

> 무감각하고 침묵하는 군중 앞에서 스스로 몸을 불사르는 사람들, 형벌을 무릅쓰면서 플래카드나 슬로건을 들고 광장으로 걸어가는 사람들, 천박한 이기주의와 무신론에 대해 '아니요'라고 말하는 사람들—이들을 주신 하느님에게 감사한다.[32]

믿음이란 날마다 이집트에서 탈출하는 것이 아니겠습니까? 노예적 안일함을 박차고 일어나 자유를 향해 길 떠나는 것, 바로 그것이 청년 정신이 아니겠습니까? 사유하지 않는 젊은이, 불온하지 않은 젊은이, 기존 질서에 순치된 젊은이, 소비 사회에 투항해 버린 젊은이를 바라보는 것보다 슬픈 일은 없을 것입니다. 사실 비판적 성찰이란 귀찮은 일일 수도 있습니다. 그래서 사람들은 안일하게 통설에 기울고 맙니다. 결국, 그들은 '조작하기 좋은 대중'이 되고 마는 것이지요. 저는 우리 젊은이들이 만만치 않은 사유의 힘을 바탕으로 우리 시대의 논리와 정신을 꿰뚫어 보면서 자기 삶을 선택할 수 있기를 바랍니다. 젊은이들에게 다소 불편스러울 정도로 사유를 강조하는 것은 그 때문입니다.

저는 아이들 이름을 지을 때 돌림자가 아닌데도 '뜻 지志'를 넣었습니다. 좋은 생각이 나면 그것을 굳게 붙잡아 발전시키고, 나쁜 생각이 나면 그것을 잘 살펴서 없애 버리는 것이 '지志'라고 배웠기 때문입니다. 아이들이 그렇게만 살면 더 바랄 것이 없겠다 싶습니다. 지금도 아이들이 자기 이름값을 하며 살게 해 달라고 기도하고 있습니다. 나름대로 열심히 사는 아이들이 고맙기도 하지만, 주체성이라는 측면에서는 왠지 미덥지 못하여 염려가 많습니다. 늦게 자고 늦게 일어나기에 새벽이야말로 정신이 들 때이고 진짜 인간이 되는 때라고 말하며 '야기夜氣'에 대해 말해 주었는데 그냥 빙그레 웃을 뿐 응답이 없습니다. 고대 그리스의 참주였던 페리클레스는 자기 시대를 이런 말로 요약하고 있더군요. "우리는 아름다움을 추구하면서도 사치로 흐르지 않고, 지智를 사랑하면서도 유약함에 빠지지 않습니다."[33] 자부심이 느껴지는 말입니다. 저는 이런 멋있고 강건한 젊은이들을 보고 싶습니다.

부드러움과 호기의 조화

요즘 교우들과 전도서를 함께 읽고 있습니다. 인도자로서 제 임무는 교우들이 아무런 교리적 전제 없이 있는 그대로 성경과 만나도록 돕는 것입니다. 성경을 본다는 것은 결국 자기 자신과 만나는 과정이 되어야 하니까요. 그 과정을 통해 고민이 생기고, 고민을 풀기 위해 자꾸 생각하다 보면 깨달음이 생길 것이고, 깨달음은 샘이 되어 우리에게 생수를 제공할 것입니다. 이래저래 저는 사람들을 편안하게 내버려 두지 못하는 것 같습니다.

며칠 전에는 이 말씀을 두고 이야기를 나누었습니다. "어떤 사람이 지혜 있는 사람인가? 사물의 이치를 아는 사람이 누구인가? 지혜는 사람의 얼굴을 밝게 하고 굳은 표정을 바꾸어 준다"(전 8:1). 이 대목을 보면서 몇 사람의 얼굴이 떠올랐습니다. 그런데 부드럽고 환한 얼굴이 아니라 딱딱하게 굳어진 얼굴이었습니다. 자기 의義에 사로잡혀 가차 없이 남을 정죄하는 사람들의 굳은 얼굴이었습니다. 신념은 좋은 것입니다. 하지만 그것이 타자와의 창조적인 소통을 불가능하게 하는 신념이라면 문제가 있습니다. 갑각류처럼 자기 틀을 만들고 그 틀 밖에 선 사람들에게 날 선 말의 비수를 던지는 사람들을 보면 소름이 돋습니다.

교우들에게 참된 지혜가 있어 그 얼굴빛이 부드러운 사람이 누구냐고 물었더니 선뜻 대답을 못 하더군요. 어느 분이 마지못해 "목사님"이라고 대답해서 머쓱해졌는데, 다른 분이 얼른 그렇지 않다고 말해서 웃음이 터졌습니다.

아무리 생각해도 제 모습은 부드럽지 않습니다. 아직도 제 속의 결기가 삭지 않았습니다. 누군가를 적극적으로 미워하거나 원수로 삼지는 않지만, 싫은 사람 앞에서까지 부드러운 미소를 지을 자신은 없습니다. 상황이 어쩌하든 곰삭은 지혜로 편안해지기까지 가야 할 길이 아직 멀기만 합니다. 얼굴은 얼의 골짜기라지요? 세월이 가면 제 모습도 부드러워질 수 있을지 모르겠습니다.

하지만 부드러운 것이 곧 영성의 깊이와 동일시될 수 있는 것은 아닐 겁니다. 공평함이 없는 세상, 거짓과 위선이 득세하는 세상에 충격을 주기 위해서라도 땡감처럼 떫은 사람도 필요한 법입니다. 그리스어 '튀모스*thumos*'는 사람이나 동물들 속에 깃든 어떤 요소를 지칭하는 말인데, 예컨대 위협을 받을 때 거기에 맞서 싸우도록 하는 힘을 뜻합니다. 개가 자기 영역을 지키려고 으르렁거리는 것이나 사람이 자기 가족과 종교, 자기 삶의 원리를 지켜 내기 위해 결연히 일어서는 힘이지요. '호기豪氣'라고 번역하면 어떨까 싶습니다. 물론 사람들은 자기 밥그릇 싸움에는 양보가 없는 듯이 보입니다. 하지만 그것을 넘어서는 대의 앞에서 몸을 도사리고 만다면 동물과 구별되는 점이 무엇이겠습니까? 땡감처럼 떫은 사람은 분란을 일으키는 사람처럼 보이기도 합니다. 사람들은 그런 이들을 꺼립니다. 불편하기 때문이지요. 하지만 한 공동체 속에 이들이 없다면 발전도 진보도 없을 것입니다.

문제는 부드러움과 호기를 어떻게 조화시키느냐입니다. 경직된 마음으로 '아니요'라고 말하면 누군가를 변화시키기보다는 상처를 입히기 마련입니다. 그러면 진실은 실종되고 대립하는 두 성격만 남게 됩니다. 저는 이런 시행착오를 참 많이 겪었습니다. 움베르토 에코는《세상의 바보들에게 웃으면서 화내는 방법》이라는 책도 썼던데,[34] 저는 아직 웃으면서(조롱이 아닙니다) '아니요'라고 말하는 법을 배우지 못했습니다. '시중時中'의 지혜를 얻기 위해 얼마나 더 노력해야 할까요?

어느 날 염구가 공자에게 물었습니다.
"의로운 일을 들으면 바로 실천해야 합니까?"
공자가 대답했습니다.
"실천해야 한다."
자로가 물었습니다.
"의로운 일을 들으면 바로 실천해야 합니까?"
공자가 대답했습니다.
"아버지와 형이 살아 계신데 어찌 들은 것을 바로 실천하겠느냐?"

자화가 공자의 대답이 각기 다른 데 의아해하며 물었습니다.

"감히 여쭙겠습니다. 어찌하여 같은 질문인데 달리 대답을 하십니까?"

공자가 말했습니다.

"염구는 머뭇거리는 성격이므로 앞으로 나아가게 해 준 것이고, 자로는 지나치게 용감하므로 제지한 것이다."[35]

스승이란 아마 이런 사람을 일컫는 것이 아닌가 싶습니다. 자기 앞에 서 있는 사람을 알지 못하고는 제대로 가르칠 수 없습니다.

시중의 지혜와 보편

우리는 보편을 추구합니다. 하지만 시중의 지혜를 갖추지 못한 보편은 이론일 뿐입니다. 때로는 그것이 폭력이 되기도 합니다. 선생님은 어떤 사회의 발전 단계를 무시한 보편에 대한 요구가 위험할 수 있다고 하셨지요. 이슬람 세계를 자의적인 잣대로 바라보는 서구의 시선은 얼마나 폭력적입니까. 기아에 허덕이는 나라에 식량을 공급하기보다 인권 침해를 지적하는 일은 얼마나 가소로운 일입니까? 요즘 들어 나이를 먹는다는 것이 참 좋다는 생각이 듭니다. 세상을 원리에 근거해서 보기보다 현실 그대로 보게 되니 말입니다. 아직도 충분히 나이를 먹지 못했지만요.

선생님은 폭탄이 터지는 사진을 보여 주시며 인간의 내재적 폭력성에 대해 말씀하셨습니다. 섬광과 폭발음, 엄청난 에너지를 보면서 사람들은 자기도 모르게 흥분하게 된다고요. 설마 그럴까 싶지만, 사실일 겁니다. 고대 그리스 사회는 디오니소스 축제를 허용해서 제도와 질서 속에 억압되었던 인간의 야수적 본능을 해방했다고 합니다. 과거에 저는 인간에 대한 낙관론자였습니다. 습관 교정과 교육을 통해 사람이 선해질 수 있다고 믿었습니다. 하지만 이제는 사람 스스로 통제할 수 없는 거친 욕망과 폭력성이 있음을 부정할 수 없습니다. 물론 측은지심惻隱之心의 바탕인 '인仁'이나 수오지심羞惡之心의 바탕인 '의義'가 사람에게 있음을 왜 모르겠습니까. 그러나 잠자고 있을 뿐 언제라도 깨어날 수 있는 것이 인간의 폭력성이고 악마성입니다. 자신도 모르는 사이에 무의식의 무저갱이 열리면 우리 속의 악마는 깨어나고, 이성과 교양이라는 통제 장치는 더 이상 작동하지 않습니다.

존 웨슬리는 인간의 원죄를 강조합니다. 그는 인간의 죄가 환경의 영향으로 조성된 나쁜 습관의 결과라고 주장한 존 테일러의 이신론적 입장을 반박하기 위해 긴 글을 썼습니다. 그가 원죄를 강조하는 것은 교인들을 교리와 두려움의 올가미로 묶어 두려는 것이 아니었습니다. 사실 사람들을 형벌의 두려움과 보상에 대한 기대 속에 가두는 종교야말로 가장 나쁜 종교라고 생각합니다.

수피교의 신비가 라비아의 일화가 떠오릅니다. 어느 날 사람들은 라비아가 한 손에는 횃불을 들고 다른 한 손에는 물통을 들고 달려가는 것을 보았습니다. 사람들은 이 이상한 행동의 의미가 뭔지, 어디를 향해 가는지 물었습니다. 그러자 라비아는 이렇게 대답했습니다. "낙원에 불을 지르고, 지옥에 물을 끼얹으려고 가는 길입니다. 그래서 (하나님에 대한 참된 비전을 가로막는) 두 가지 너울을 없애 버리려고요." 라비아는 이런 기도를 신께 바쳤습니다.

오, 나의 주님, 내가 만일 지옥에 대한 두려움 때문에 당신을 섬긴다면, 나를 지옥 불로 태워 주십시오. 만일 내가 낙원에 대한 기대 때문에 당신을 경배한다면, 나를 낙원에 들이지 마십시오. 그러나 내가 당신 자신을 위해 당신을 섬긴다면, 당신의 영원한 아름다움에서 나를 멀리하지 말아 주십시오.[36]

이것이 하나님 앞에 서 있는 이들의 온당한 태도라고 생각합니다. 그런데도 원죄를 말하지 않을 수 없는 까닭은 우리의 의지와 노력만으로는 새로운 삶이 불가능하기 때문입니다. 하나님의 은총이 아니고는 아무것도 할 수 없습니다. 우리가 사는 세상에 만연한 무지와 오류, 고통을 해결할 힘이 우리에게는 없습니다. 하나님의 은총이 우리 마음에 부어지지 않으면 우리는 좌절할 수밖에 없습니다.

선생님의 삶의 주제는 평화입니다. 전쟁을 말하고 무기를 말할 수밖에 없는 현실이지만 궁극적인 지향점은 평화입니다. 힘이 곧 평화는 아니지만, 국제 정치의 현실을 볼 때 힘이 없는 평화란 가능하지 않다고 하셨습니다. 동감입니다. 지금 세계는 플라톤의 《국가·정체》에 등장하는 트라시마코스의 논리로 무장되어 있습니다. '올바른 것'이란 '더 강한 자의 편익' 이외에 다른 것이 아니라는 것입니다.[37] 힘이 정의라는 말이겠지요. 우리는 소크라테스의 견해를 따라 그렇지 않다고 말합니다. 그래서는 안 되기 때문입니다. 하지만 현실은 언제나 이상을 배반합니다. 칼을 쳐서 보습을 만들고 창을 쳐서 낫을 만들고, 나라와 나라가 서로 칼로 치지 않는 세상, 더는 전쟁 연습을 하지 않아도 되는 세상을 향한 꿈은 아름답긴 하나 실현하기에는 요원할 뿐입니다.

하지만 꿈을 잃는다는 것은 지향점을 잃는 것이니까, 우리는 미가와 이사야의 노래를 계속 불러야 합니다. 그러면 서도 스스로 지킬 힘을 갖춰야 합니다. 두 지점 사이에 드리운 외줄을 어떻게 타고 걷느냐가 항상 문제입니다. 힘을 가지고 있으면서도 함부로 행사하지 않고, 타자를 지배하려 들지 않는 능력은 힘 자체에서 나올 수 없습니다. 그것은 위로부터 주어집니다. 이것이 우리가 엎드리지 않을 수 없는 이유입니다.

교회가 잃어버린 정신

하지만, 하지만, 말입니다. 오늘의 교회는 타락했습니다. 자신을 버리고 낮춤으로 남을 살리던 예수의 정신이 사라지고 말았습니다. 갈릴리 밑바닥 사람들의 삶 속에 화육했던 예수, 열병 걸린 이들의 손을 붙잡고 마음 아파 눈물을 글썽이던 소박한 예수의 모습은 실종되고 말았습니다. 카타콤 시대에 양을 어깨에 메고 있던 그리스도의 이미지는 콘스탄티누스 1세 이후 우주의 주관자인 '판토크라토르 그리스도'로 대체되고 말았습니다. 꿩 잡는 게 매라고, 암암리에 교회의 크기가 목회자들의 영성을 평가하는 척도가 되어 버렸습니다. 그래서 많은 목회자가 평화의 문제도, 생명의 문제도 한쪽으로 밀쳐놓고 오로지 교인 수 늘리는 데만 몰두합니다. 때로는 그들의 불가사의한 열정이 부럽

기도 합니다. 문제는 모든 '열심'이 좋은 것이 아니라는 데 있습니다. 어느 날 이런 질문을 들었습니다. "목사님, 왜 믿음이 좋은 사람일수록 편협할까요?" 그 물음에 대답할 수가 없더군요.

마음이 울울할 때면 참회록을 쓰는 심정으로 칼릴 지브란의 글을 읽습니다. 태풍처럼 몰아치는 《반항하는 정신》의 날 선 말들 앞에서 죄인이 되어 전전긍긍하기도 하고, 스스로 그의 마음이 되어 혼자 끓어오르기도 합니다.

어찌해서 당신들은 여기 수도원에 편히 앉아 가난한 사람들의 땀과 눈물로 빚어진 빵을 먹으면서, 그 지식을 필요로 하는 백성들과는 동떨어져서, 저들의 무지를 깨우쳐주기는커녕 고지식한 그들의 피를 빨아먹고 있습니까?

예수께서는 당신들 보고 이리떼로부터 양들을 지키는 어진 목자들이 되라 하셨는데, 어떻게 당신들은 양들을 잡아먹는 이리떼가 될 수 있습니까?

어떻게 당신들은 가난 속에서 평생토록 헌신적인 삶을 살기로 굳게 맹세하고 또 서약하고서도, 당신들이 한 말은 모두 잊어버린 채, 안락한 생활을 할 수 있습니까?

어떻게 하느님의 뜻에 따라 산다고 하면서, 종교가 뜻하는 모든 것을 다 저버릴 수 있습니까?

마음이 욕심으로 가득 차 있으면서, 어떻게 수도를 한다는 것입니까? 당신들은 겉으로는 당신들의 육신을 죽이는 체하나, 속으로는 당신들의 영혼을 죽이고 있습니다. 겉으로는 이 세상의 모든 세속적인 것들을 질색인 양하면서도 속마음은 탐욕으로 부풀어 있습니다. 스스로를 백성의 지도자요, 스승이라 지칭 하나, 사실을 말하자면 당신들은 강도와 다를 바가 없습니다.[38]

이제 곧 여름이 오겠지요? 아름다운 5월에 맘껏 아름다운 노래를 부를 수 없게 된 지 여러 해입니다. 생명의 노래가 들려와야 할 들판에서 신음과 울부짖음이 들려오는 현실이 가슴 아픕니다. 하늘과 땅과 사람의 이야기를 듣는 제 귀가 너무 무뎌졌습니다. 분주함 속에 둥둥 떠다니다가 정신을 차려 자리에 앉으니 누렇게 떠 버린 몰골이 딱하기만 합니다. 제 속에 침묵이 고갈되어 버렸습니다. 이제는 침묵이 차오를 때까지 조금 앉아 있어야겠습니다. 생각을 나눌 수 있는 이가 있다는 것이 얼마나 고마운지 모르겠습니다. 늘 감사합니다.

불이익을 감수하며 ———
걷는 길

선생님, 얼굴 한번 볼 틈 없이 살고 있네요. 시간이 없다기
보다는 마음의 여유가 없는 것이겠지요. 마음이 흐르는 대
로 충동적으로 길을 떠날 수 있었던 젊은 날이 그립습니
다. 이래저래 핀에 꽂혀 박제된 나비 꼴로 살고 있어요. 사
람들이 제게서 포르말린 냄새를 맡게 되는 것은 아닌지 염
려하는 형편입니다. 시간에 등 떠밀리며 사는 나날이 참
무섭습니다. 젊은 날의 파블로 네루다의 마음이 왜 이렇게
아리게 다가오는지 모르겠어요.

나더러 어디 있었느냐고 묻는다면
"어쩌다 보니 그렇게 돼서…"라고 말할밖에 없다.
돌들로 어두워진 땅이라든가
살아 있느라고 망가진 강에 대해 말할밖에[39]

네팔 여행 중에 호수에 비친 설산을 하염없이 바라보다 울음을 터뜨렸다고 하셨지요? 저도 그런 울음 한 번 울어 봤으면 좋겠습니다. 일망무제로 트인 요동 벌을 보며 "좋은 울음터로다. 울 만하구나" 하고 말했던 연암 박지원의 심정도 그런 것이었겠지요? "내가 오늘에야 비로소, 인간이란 것이 본시 아무 데도 기댈 곳 없이 단지 하늘을 이고 땅을 밟고서야 걸어 다닐 수 있음을 알았다"라고 말했다던가요.[40] 가슴에는 대붕이 날 수 있는 하늘을 품고 있지만, 잔다란 일상과 범절에 묶인 채 살아야 했던 조선 선비에게 요동 벌은 있음 자체로 깨우침이 된 셈이지요.

오늘도 한 걸음씩

바다가 보고 싶습니다. 수심을 모르기에 나비는 바다를 두려워하지 않는다는 김기림의 시구처럼, 수심을 모르는 나비가 되어 저 바다로 훨훨 날아보고 싶습니다. 그러나 언제부터인지 저는 더 이상 떠나지 않는 정착민이 되어 살고 있습니다. 그래서인지 한비야가 《중국 견문록》에 쓴 말이 아프게 다가오는군요.

완벽한 지도가 있어야 길을 떠날 수 있는 것은 아니다. 새로 시작하는 길, 이 길을 나는 거친 약도와 나침반만 가지고 떠난다. 길을 모르면 물으면 될 것이고 길을 잃으면 헤매면 그만이다. 이 세상에 완벽한 지도란 없다. 있다 하더라도 남의 것이다. 나는 거친 약도 위에 스스로 얻은 세부 사항으로 내 지도를 만들어갈 작정이다. 중요한 것은 나의 목적지가 어디인지 늘 잊지 않는 마음이다. 한시도 눈을 떼지 않는 것이다. 그리고 그곳을 향해 오늘도 한 걸음씩 걸어가려 한다. 끝까지 가려 한다. 그래야 이 길로 이어진 다음 길이 보일 테니까.[41]

그렇지요. 길을 모르면 물으면 될 것이고 길을 잃으면 헤매면 그만이지요. 어차피 길이란 어딘가로 통하게 마련이고, 좀 돌아가더라도 목적지에 이를 수만 있다면 조금 일찍 도착하고 늦게 도착하는 것이 뭐 그리 큰 차이가 있겠어요. 문제는 '로터스' 열매를 먹고 귀향을 잊어버린 오디세우스의 부하들처럼 망각의 늪에 빠지는 것이겠지요.

요즘 교인들과 전도서를 함께 읽어 나가고 있어요. 점점 치열해지는 경쟁의 한복판에서 숨 가쁘게 살아가는 이들에게 전도서는 과연 무엇일까요? 코헬렛은 해 아래서 살아가는 사람들이 추구하는 거의 '모든 것'에 '헛됨'이라는 진단을 내립니다. 돈도 권력도 쾌락도 인기도 지혜도 다 헛됨에게 종속되어 있다는 것이지요. 제행무상諸行無常이라.

'늘 그러함'이 없다는 것처럼 허망한 일이 있을까요? 그런데 코헬렛은 인생이란 그런 거니까 '그까짓 거, 뭐 대충' 살라고 하지 않습니다. 오히려 그런 생명의 실상을 바로 보고, 애집과 집착을 버리고, 오늘을 영원처럼 살라고 권고합니다. 오는 것 막을 것 없고, 가는 것 굳이 잡을 것 없이 순리에 따라 살면 참 편할 것 같아요. 사람들에게 이런 이야기를 하면 "그렇긴 하지만, 그래도 사는 게 어디 그렇게 단순한 건가요" 하며 웃어넘기데요. 마치 복잡하게 사는 것이 거부할 수 없는 소명이라도 되는 것처럼요. 그런 걸 팔자라고 하는 건지도 모르겠어요. 볕 바른 곳에 몸 두고자 하는 마음이야 모르는 바 아니지만, 분주함과 경쟁이 낳은 어둠과 그늘은 어찌하려는지….

합리와 정리의 경계선

저는 합리合理와 정리情理의 경계선에서 서성이고 있습니다. 아시다시피 저는 처세에 능하지 못합니다. 종종 융통성이 부족하다는 말을 듣기도 합니다. 그렇다고 해서 원리원칙주의자인 것은 아닙니다. 다만 '좋은 게 좋은 거지' 하며 적당히 타협하며 살고 싶지 않을 뿐입니다. 20여 년 전 군목으로 전방에서 근무할 때 일이 생각납니다. 어느 날 군단의 군종 참모로 있던 학교 선배가 전화를 걸었습니다.

얼굴은 한두 번 본 적이 있지만, 개인적인 친분이 없던 분이었습니다. 이런저런 안부를 묻더니 한 가지 부탁할 게 있다고 말하더군요. 자기가 잘 아는 분의 자제가 우리 부대에 배치를 받았는데, 사회에서 신앙생활을 착실히 하던 친구니 군종병으로 받아 줄 수 없겠느냐는 것이었습니다. 그러면서 김 목사가 그렇게 해 주면 은공은 잊지 않겠다나요. 저는 치밀어 오르는 화를 삼키면서 절차를 무시한 그런 사적인 부탁은 들어드릴 수 없다고 정중히 거절했습니다. 그러자 선배는 인생을 그렇게 빡빡하게 살면 안 된다며 긴 훈계를 늘어놓았습니다. 예의상 수화기는 들고 있었지만, 평소 그 선배에게 가졌던 호감은 접고 말았습니다. 물론, 나중에 선배와 대면할 때 불편했던 것도 사실입니다.

한번은 교회 사무실에 앉아 있는데, 낯모르는 부부가 찾아와 잠시 만나고 싶다고 했습니다. 단정하게 앉아 있는 젊은 부부를 보며 신앙 상담을 하려고 찾아온 사람이겠거니 생각했지요. 남편이 제게 명함을 내밀었습니다. 명함을 보는 순간, "아, 아무개 씨네요? 그 책을 쓰신 분 맞지요?" 하고 물었습니다. 그는 전도유망한 국문학자였고, 저도 그분의 책을 두 권이나 읽었던 터였습니다. 이름을 들으면 누구나 알 만한 사람입니다. 그는 자기를 알아보는 목사가 있어 놀랐고, 저는 유려한 문체와 분명한 자기 입장을 가진 국문학자가 제 앞에 있다는 사실에 놀랐습니다. 그런데 그가 저를 찾아온 자초지종을 밝히자 일순 당황하지 않을 수 없었습니다. 기독교 계통의 대학에 교수 모집 공고가 나서 서류 작업을 하고 있는데, 교인 증명서가 필요하다는 것이었습니다. 그는 지금 교회에 다니고 있지 않지만, 청년 시절까지는 교회에 다녔고, 교인 증명서를 만들어 주면 이번 주일부터 아내와 함께 교회에 출석하겠다는 것이었습니다. 저는 예의를 갖추어 정중히 거절했습니다. 그로써 그와 교제할 기회를 놓쳤습니다. 제 매정한 거부가 그에게 상처가 되지 않기를 기도했습니다.

이런 태도 때문인가요? 저는 어느 집단에 가도 조금은 불편한 사람으로 인식되고 있어요. '너만 의롭냐?' 하는 동료들의 눈빛을 헤아릴 때마다 저도 편치 않습니다. 하지만 우리 사회처럼 연고주의가 판을 치는 곳에서는 '합리'라는 가치를 견지하는 사람도 필요하다는 생각을 위안으로 삼곤 합니다. 학연, 지연, 혈연에 따라 세상일이 이루어진다면 그런 관계의 그물망에 속하지 못하는 사람들에게 드리우는 그늘은 어떻게 해야 하나요? 교역자들조차 어느 신학교 출신이냐에 따라 친소 관계가 갈리는 경우를 종종 목격합니다. 예수님은 사람들 사이에 있는 분리의 담을 헐기 위해 십자가를 지셨는데, 주의 이름으로 모이는 이들이 오히려 분리의 장벽을 높이 쌓아 가는 것은 부끄럽기 이를 데 없는 일 아닙니까? 공적인 일에는 '정리'보다는 '합리'라는 척도가 사용되어야 할 겁니다.

그리스 사람들은 도심 중앙 광장인 아고라에 모여 공동체의 문제를 논의하곤 했습니다. 그곳은 어떤 견해라도 개진할 수 있는 열린 광장이었습니다. 적어도 그들은 공적인 일을 밀실에서 처리하지는 않았던 것입니다. 아고라의 주인은 로고스*logos*였습니다. 조직 또는 집단에 대한 충성이나 귀속감이 로고스를 억압하는 곳에서는 주체적인 정신이 발생할 수 없습니다. 서열 관계를 중시하는 집단에서 합리적 사고를 하는 사람은 버르장머리 없는 사람으로 인식되기 일쑤이고 '조직의 쓴맛'을 볼 때가 많습니다.

우리 사회는 주체적 정신이 설 자리를 허용하지 않는 것 같습니다. 주체적인 정신이 보편적인 정신에 동참하지 못한 채 사사로운 '우리' 속에 함몰될 때 영혼의 타락은 불 보듯 뻔한 일입니다. 우리 사회의 혼돈과 미성숙의 뿌리는 주체적 정신을 허용하지 않는 편협함에 있는 것이 아닌가 싶습니다. 다양한 견해가 충돌할 때 사람들은 그 충돌이 빚어내는 광휘를 보려 하기보다는 대립하는 요소를 재빨리 해소하고 지향점을 목표로 삼기 일쑤입니다. 자아의 한계에서 벗어나려면 다른 견해를 가진 이들의 입장으로 건너가려는 용기가 필요합니다. 소수 의견이 묵살되거나 냉소에 부쳐지는 까닭은 무가치하거나 그릇되어서가 아니라 불편하기 때문입니다. 상처받기 싫은 사람들은 주류에 속한 사람들의 처신을 속으로 비웃으면서도 공론의 장에서 입을 다물어 버리고 맙니다. 그러면 기득권을 가진 사람들은 이견이 해소되었다고 좋아합니다. 신뢰의 터전이 조금씩 허물어지고 있음은 보지 못합니다.

물론, 복잡한 세상사가 합리의 틀 속에 온전히 녹아들 수 없다는 것쯤은 저도 압니다. 오죽하면 테르툴리아누스가 "불합리하기에 믿는다"라고 말했겠습니까. 세상에는 설명될 수 없는 일들이 참 많지요. 욥의 고난도 설명될 수 없는 것입니다. '합리'의 배를 타고 건너기에는 삶의 너울이 너무 압도적입니다. 그래서 우리는 '정리'의 배 한 척을 더 마련하고 살아갑니다. 탕자의 귀환을 반기는 아버지의 태도는 합리가 아니라 정리겠지요. 상처 입은 사람들을 보듬어 안는 예수님의 다정함은 합리적인 태도라고 말하기 어렵습니다.

약자를 긍휼히 여기는 정의

하지만 당신의 백성을 품어 안는 하나님의 사랑과 예수님의 다정함은 '정리'라는 말에 담기도 어려울 듯합니다.

'합리'와 '정리'를 종교적으로 확장하면 '미쉬팟*mishpat*'과 '체다카*tsedakah*'라는 개념과 통할 수 있겠는지요. 미쉬팟이란 재판관이 내린 판결을 뜻합니다. 그러니까 정의, 규범, 법령, 법적 권리, 법률 등의 뜻을 포함하는 것이지요. 미쉬팟을 굳이 번역하면 '정의*justice*'가 됩니다. 체다카는 '의*righteousness*'로 번역할 수 있는데, 박애, 친절, 관용 등 인격의 질을 의미하는 것입니다. 그러니까 정의가 법적인 것이라면, 의는 억압받는 자에 대한 동정과 연결된 것입니다. 성경에서 두 가지는 별개의 것이 아닙니다. 정의는 오히려 가난한 이들 편들기에 가까운 것입니다. 하나님의 정의는 늘 고아와 과부와 나그네를 향한 자비로 기울었으니 말입니다.

1998년 추석 무렵으로 기억합니다. 신문 사회면에 실린 기사를 보면서 미쉬팟과 체다카가 어떻게 결합해야 하는지 실감했습니다. IMF 구제금융 시대에 많은 가정이 해체되는 비극이 벌어졌지요. 이야기의 주인공도 그런 이들 가운데 하나였습니다. 남편의 실직으로 생활고에 시달리던 아내는 아이 둘을 놔두고 집을 나갔습니다. 남편은 당장 취직을 해야 했지만, 아이들 때문에 직장을 구할 수도 없었습니다. 그래서 할 수 없이 아이들을 기관에 맡겼지요. 아빠와 떨어지기 싫다고 울부짖는 아이들에게 추석에 예쁜 인형을 사 들고 돌아오겠다고 약속했습니다. 피눈물을 흘리며 보육원을 빠져나온 그는 직장을 얻으려고 백방으로 애썼으나 뜻대로 되지 않았습니다. 그러다 결국 노숙자가 되고 말았습니다. 시련의 시간이었지요.

그런데 아이들과 약속했던 추석이 다가왔습니다. 여전히 빈털터리로 말입니다. 아이들에게 가야 한다는 강박에 시달리던 그는 가게에 들어가 인형을 훔치다가 주인에게 적발되어 경찰에 넘겨졌습니다. 법을 집행하는 자로서 명백한 잘못을 눈감아 줄 수는 없기에 경찰관은 그를 입건했습니다. 하지만 아이들과 아빠의 약속도 소중했기에 자기 돈으로 인형을 사서 남자의 손에 들려 보육원으로 보냈습니다. 후에 그는 약식 재판을 받고 풀려났다고 합니다. 공정한 법 집행을 위해 남자를 입건한 것이 '미쉬팟'이라면, 인형을 사서 아빠와 아이들이 만나도록 배려한 행동은 '체다카'가 아닐까요?

합리와 정리 사이에서 서성이다가 엔도 슈사쿠의《사해의 호반》을 다시 꺼내 뒤적였습니다. 거기서 작가는 예수의 입을 빌려 이렇게 말하더군요.

이웃을 위해 울어주는 일, 죽어가는 자의 손을 하룻밤 잡아주는 일, 나 자신의 슬픔을 참아내는 일, 이것만도… 다

윗의 성전보다도, 과월절보다도 위에 있다.[42]

작가는 대사제 안나스의 입을 통해 예수님의 지향을 인상 깊게 드러냅니다.

> 목수가 하는 말에 따르면 하나님은 성도 예루살렘이 자랑스럽게 여기는 다윗 성전이나 엄숙한 율법 등은 하나도 대수롭게 여기지 않으신다. 하나님이 마음속으로 바라는 것은 인간뿐이지, 황금으로 세워진 성전은 아니다. 하나님은 그런 것보다도 창부의 눈물 한 방울을, 랍비의 말보다도 어린아이의 웃음을 훨씬 더 원하고 계신다라고까지 말했다는 것이다. 그 때문에 그는 어제도 실로암 연못 근처에서 순례자들이 던진 돌에 맞아 이마에 피를 흘리면서 사슬문에서 쫓겨났다는 것이다.[43]

하나님이 가장 미워하시는 죄는 무감각이 아닐까요? 이웃의 고통에 대한 무감각 말입니다. 교회를 짓기 전에 먼저 빈민가에 가서 그들의 눈이 무엇을 말하는지 들으라고 했던 간디의 말은 무엇이 중심이고 무엇이 주변인지 잘 드러냅니다. 기우이기를 바라지만 저는 오늘의 교회가 '말末'을 취하느라고 '본本'을 소홀히 하고 있다고 생각합니다. 예수 정신이 사라진 교회는 '신의 무덤'일 뿐이지요.

언젠가부터 수졸守拙이란 말을 참 좋아하게 되었습니다. 졸拙한 것은 교묘한 것의 반대이니, 수졸이란 조촐함을 지켜 가는 것이겠습니다. 세상에는 참 영악한 사람이 많습니다. 그때그때 견해를 바꾸고 이익에 따라 남에게 해를 입히고 속이는 것도 마다하지 않는 사람들 말입니다. 졸함을 지킨다는 것은 부끄러움을 간직하는 것입니다. 가지 말아야 할 길은 가지 않는 것이지요. 남은 속일 수 있을지 모르지만, 차마 자기를 속일 수는 없어서 불이익을 감수하는 마음, 그게 졸의 길입니다. 저는 그 길을 가고 싶습니다.

업적주의에 사로잡힌 사람들이 만들어 낸 광풍으로 정신이 산만합니다. 어리석음을 지킨다는 뜻의 이름을 가진 김수우 시인의 시를 가만히 읊조려 봅니다.

태풍이 지나간 숲
풀벌레 울음 가득, 차오른다
숙일 대로 숙였던 풀잎들이
낮을 대로 낮게 웅크렸던 베짱이며 철써기들이
다시금 나무를, 나무의 어둠을 일으키는 소리
한번 더 숲을, 숲의 뒷벽을 세우는 소리
고요하다

투명하다

앙금 진한 울음이 별을 띄운다

폭풍에 떠밀린 수천 톤 유조선 위로 별이 맵다

흔들어보아야 알게 되는 낮은,

힘.[44]

인생은 여인숙

세상이 다 고요한 듯싶습니다. 모처럼의 휴일이라 그런지 옆에 있는 공업사에서 들려오던 소음도 그치고, 재잘거리며 복도를 뛰어다니던 아이들의 발소리도 들리지 않습니다. 이 고요함이 어찌나 좋은지 음악조차 틀지 않고 가만히 앉아 한가함을 만끽하고 있습니다. 뒤껻 문을 여니 이름 모를 새 한 마리가 수수꽃다리 새잎과 눈길을 주고받고 있더군요. 조심스러운 눈길로 녀석의 수작을 지켜보고 있자니 마치 누군가의 밀회 장면을 엿보는 듯한 착각이 들었습니다. 새의 말을 알지 못하니 그 마음을 알 수는 없지만, 신명에 지핀 생명은 매일반일 거라는 생각이 들어 새의 벗 되기를 자청해 봅니다. 새는 제 마음을 알았다는 듯이 연신 꽁지를 까딱거리더군요.

잘 지내고 계십니까. 전화기 너머 들려오는 목소리가 활기찬 것 같아 안심입니다. 일 년 동안 머물 방이 전망도 좋고 깨끗하다니 다행입니다. 얼마 지나지 않아 익숙해지기는 하겠지만, 그래도 낯선 곳에서의 생활이 쉽지만은 않을 겁니다. 말도, 생활 방식도, 생각의 결도 다른 이들과 함께 지낸다는 것은 큰 도전이 아닐 수 없습니다. 사람은 누구나 익숙한 것에 호감을 느끼게 마련이고, 낯선 것을 본능적으로 두려워하거나 불편하게 여기곤 하지요. 어쩌면 그게 생명이 스스로 자신을 지키고자 발전시켜 온 내재적 태도인지도 모르겠습니다. 하지만 낯선 것과의 만남이야말로 자기 확장의 기회입니다. 사람이 자기 자신을 알게 되는 건 타자라는 거울 앞에 섰을 때뿐입니다. 반성이란 정신의 자기복귀라지요? 타자라는 거울에 비친 자기 이미지를 바라보면서 자신을 새롭게 규정해 가는 과정이 인생이 아니겠는지요?

나를 찾아온 손님

나와 다른 존재에 대한 인식은 자신에 대한 엄밀한 인식으로의 초대이기도 합니다. 세상이 좁아져서 이제는 그런 일이 없겠지만, 코가 높고 눈이 푸른 서양인을 처음 보았을 때 조선 사람들이 느꼈을 당혹감을 떠올려 봅니다. 그들은 '나'와 다른 사람들이 지구상에 존재한다는 사실을 받아들이기 위해 심각한 내적 고투를 겪었을 겁니다. 벽안의 외국인들이 오랫동안 그들의 의식을 규정하고 있던 성리학적 세계관에 틈입해 뭔가 균열을 만들어 냈을 테니까요. 누군가가 우리와 다르다는 사실을 확인하는 순간, 우리 속에서는 갈등이 시작됩니다. '다르다'와 '틀리다'를 혼용하는 우리 말살이의 무의식적 뿌리는 낯선 것, 다른 것에 대한 두려움인지도 모르겠습니다. 말은 이렇게 하지만 저도 젊은이들의 문화를 '틀린 것'으로 규정하고 싶을 때가 많습니다. 의미보다는 재미에 집착하고, 끈끈한 정으로 맺어지기보다는 플래시몹처럼 이벤트성 만남을 즐기고, 이종격투기에 열광하는 젊은이들을 외계인 바라보듯 하는 나를 의식할 때마다 '이러면 안 되지' 하면서도 한계를 벗어나기가 참 어렵습니다. 어쨌든 낯선 것과의 열린 만남은 삶의 지평을 넓힐 좋은 기회임이 분명합니다. 13세기 아프가니스탄 시인 루미의 시가 눈에 들어옵니다.

인생은 여인숙
날마다 새 손님을 맞는다.

기쁨, 낙심, 무료함,
찰나에 있다가 사라지는 깨달음들이
예약도 않고 찾아온다.

그들 모두를 환영하고 잘 대접해라!
그들이 비록 네 집을 거칠게 휩쓸어
방안에 아무것도 남겨두지 않는

슬픔의 무리라 해도, 조용히
정중하게, 그들 각자를 손님으로 모셔라.
그가 너를 말끔히 닦아
새 빛을 받아들이게 할 것이다.

어두운 생각, 수치와 악의가
찾아오거든 문간에서 웃으며
맞아들여라.

누가 오든지 고맙게 여겨라.
그들 모두 저 너머에서 보내어진
안내원들이니.[45]

이 시를 반복해서 천천히 읽다 보면 삶의 실상에 조금
은 눈을 뜰 수 있지 않을까요. 지금 우리 앞에 당도하는 현
실은 그것이 슬픔이든 기쁨이든 평안이든, 모두 저 너머의
세계에서 보냄을 받은 안내원들입니다. 물론 이것은 자기

삶을 '중심을 향한 여정'으로 이해하는 이들에게만 해당하는 이야기입니다. 쉽지는 않지만 현실의 모든 국면을 나를 찾아온 손님으로 여겨 정중히 모신다면, 손님이 우리를 말끔히 닦아 새 빛을 받아들이게 하지 않을까요? 지각없이 시간을 보내지 말고 매 순간이 우리에게 가져오는 빛을 받아들이려 애써야 하겠습니다. 그러기 위해서는 날마다 조금씩이라도 글을 써 보는 게 도움이 됩니다. 글을 쓴다는 것은 일상을 반성의 체로 걸러 소중한 것들을 갈무리하는 행위라는 점에서 일종의 수행의 방편일 수도 있으니 말입니다.

문 없는 집은 없으니

지금 한국은 일본의 과거사 왜곡과 독도 문제로 떠들썩합니다. 하필이면 이런 때 일본에 머물게 된 뜻이 무엇인지는 좀 더 두고 봐야 알겠지요. 지금 일본은 우경화되고 있고 군국주의의 길에 접어들고 있는 것도 부정할 수 없는 사실입니다. 미친 바람이 세상에 불어 닥치고 있는 것은 분명한데, 그것을 잠재울 길이 잘 보이지 않으니 문제입니다. 《삼국유사》에 만파식적萬波息笛이 나옵니다. 만파식적이란 세상의 파란을 없애고 평안하게 하는 피리를 말합니다. 문무왕의 아들인 신문왕이 동해의 어느 섬에서 베어 낸 대나무로 만든 피리인데, 왕이 피리를 불면 적군이 물러가고, 질병이 없어지고, 가뭄이 해소되고, 홍수가 그치고, 바람과 물결이 잔잔해졌다지요. 믿거나 말거나 만파식적은 전쟁과 재해로 고통이 자심하던 민중의 염원이 담긴 결정체가 아닌가 합니다. 그런 피리 하나 손에 들 수 있으면 좋으련만….

만파식적은 못 되더라도 희망의 피리를 손에서 놓는 일은 없어야겠습니다. 많은 사람이 독도로 몰려가고, 태극기를 꽂고, 무궁화를 심는다고 야단입니다. 친미 시위를 주도하던 보수 단체 사람들은 반일 데모에 앞장서서 과격한 모습을 보입니다. 배타적 민족주의는 또 다른 배타적 민족주의를 부른다는 데 문제가 있지요. 지금 우리에게 필요한 것은 민족과 민족의 힘겨루기가 아닙니다. 언젠가 미국의 고위 관리가 대한민국의 주적主敵이 누구인지 밝히라고 윽박질렀을 때, 여러 사람이 한 말이 생각납니다. 대한민국의 주적은 대한민국의 평화를 위협하는 모든 세력이라는 것입니다. 옳은 말입니다. 지금 우리의 현실은 힘을 숭배하는 사람들이 집단적 주술을 통해 힘이라는 악마를 부활시키고 있는 형국입니다.

따라서 우리가 겨뤄야 할 상대는 민족으로서 일본이 아니라 극우 세력들이 지향하는 패권주의입니다. 우리는 일본의 양심 세력들과 연대해야 하는데, 많은 양심 세력들도 독도 문제 앞에서는 몸을 움츠리고 있다더군요. 하긴 선종한 교황 요한 바오로 2세도 조국 폴란드에 대한 각별한 애정을 표현하지 않았습니까? 사람은 서 있는 삶의 자리가 어디냐에 따라서 세상과 인생을 보는 방식이 달라지게 마련입니다. 그것을 인정하는 데서 출발해야겠습니다. 우리가 걸어야 할 길은 멀고도 험할 것입니다. 하지만 이번에 제 마음에는 한 가지 확신이 찾아왔습니다. 문제는 직면해야만 해결된다는 것입니다. 부활의 안식일이 지나고 이른 새벽, 예수님의 시신에 향유를 바르려고 무덤을 향해 가던 여인들이 있었습니다. 그들이 한 가지 걱정거리를 늘어놓지요. "누가 우리를 위하여 그 돌을 무덤 어귀에서 굴려내주겠는가?"(막 16:3) 그들은 아무 마련도 없이 올라가고 있었던 것입니다. 돌문은 이미 굴려져 있었다지요? 저는 요즘, 이 말씀에 사로잡혀 살고 있습니다. 벽 앞에 서서 낙심하기보다는 문 없는 집은 없다는 믿음으로 인내하면서 찾다 보면 길은 보이게 마련입니다.

시대가 요구하는 독립군

질문 속에 이미 답이 담겨 있다지 않습니까? 일본인들과 교착 상태에 빠진 한일관계를 두고 이야기하다 보면 얼굴 붉힐 일도 생길 것입니다. 하지만 그 상황을 벗어나고 싶어 안일하고 얼버무리는 미소로 문제를 덮어 두어서는 안 됩니다. 인내를 가지고 이야기를 들어주되 감정적으로 대응하지 말고 자기 생각을 분명하게 말해야 합니다. 좀처럼 좁혀지지 않는 차이는 일단 차이대로 놔두고, 함께 공감할 수 있는 부분을 찾아보는 일도 매우 중요합니다. 나태한 정신은 사람들에게 왕따 당하는 것이 두려워 자기 목소리를 숨기기도 하지만, 저는 차이를 차이로 드러낼 줄 아는 사람이 좋습니다. 바로 이것이 정신의 독립이 아닙니까? 다른 이들이 만들어 놓은 언어와 견해에 편승하기보다는 스스로 철저히 검토하고 내린 결론이라면 비록 그것이 편견일지라도 드러내는 용기가 필요합니다. 물론 여기에는 잘못된 것이면 질정을 받겠다는 열린 태도가 필요하지요. 이것은 고단한 길입니다. 니체가 "교육자로서의 쇼펜하우어"에서 이런 말을 했더군요.

한쪽 길로 가면 시대의 환영을 받는다. 시대는 꽃다발과 보수를 아끼지 않을 것이고, 유력한 정당이 그를 지지해 줄 것이며, 앞이나 뒤에는 많은 동지들이 함께할 것이다. 앞 사람이 암호를 발하면 전 대열이 반응한다. 이 길에서의 첫 번째 임무는 '대오를 맞춰 싸우라'이고, 두 번째 임

무는 대오에 들어가려고 하지 않는 모든 사람들을 적으로
취급하라는 것이다.

다른 길로 가면 길 자체가 험준할 뿐 아니라 동행자도
드물 것이다. 이 길을 택한 자는 고생하면서 걷게 될 것이
고 자주 위험에 빠질 것이다. 때문에 첫 번째 길을 가는
사람들로부터 꼬드김이나 조롱을 받기도 한다. 언젠가 두
길이 교차하면 그는 구박을 당해 내동댕이쳐지거나 고립
될 것이다.[46]

마치 좁은 문으로 들어가기를 힘쓰라는 예수님의 말씀
을 부연한 것 같지 않습니까? 저는 이 시대가 정신의 독립
군을 요구한다고 생각합니다. 돈과 힘이 모든 인간적 가
치의 목덜미를 죄어치는 시대일수록 대오를 이탈해 탈주
를 거듭하는 정신의 독립군이 꼭 필요합니다. 젊음의 특색
은 불온함이라는데, 자본주의적 가치관에 투항해 버린 것
처럼 보이는 젊은이들을 바라볼 때마다 저는 가슴이 답답
해집니다. 헨리 데이비드 소로는 "자신의 영혼을 유지하는
데 성공한 사람만이 진정으로 앞서 있는 실질적인 사람"[47]
이라고 했습니다.

하지만 정신의 독립군으로 살아간다는 게 다른 이들과
동떨어진 곳에서 산다는 의미는 아닙니다. 선한 일을 위해

연대할 줄도 알아야 사람입니다. 자기를 닦기 위해 선택하는 자발적 소외는 필요하지만, 연루되기 싫어서 현실에 눈을 감는다면 그건 도피가 아니겠습니까? 공동의 목적을 실현하기 위해 사람들을 만나다 보면 일 자체가 주는 부담이나 어려움보다는 그 일에 동참하는 이들 사이의 갈등 때문에 낙심될 때가 많더군요. 하지만 함께하지 않음으로 세상이 더 나빠진다면 차선이라도 택하는 것이 용기겠습니다.

사람다움의 꽃이 피도록

어린 시절을 시골에서 보내서인지, 혼자서 성취한 큰일보다 함께 성취한 일이 미학적으로 더 완전하다는 생각을 내면화하고 있습니다. 저는 어른들이 가래질하는 모습에 매혹되곤 했습니다. 장부잡이가 자루를 잡고 흙을 떠서 밀면 양쪽에 있는 줄꾼 두 사람이 군둣구멍에 연결된 줄을 당겨 흙을 던지는 리듬이 어찌나 멋지던지요. 줄꾼 역할을 자청하곤 했답니다. 고맙게도 어른들이 저를 끼어 주었기에 지금도 그 리듬을 몸으로 느낄 수 있습니다. 그래서 써레질이 끝난 논에 모를 심을 때면 왠지 한몫 거들어야 할 것 같아서 논두렁으로 내달리곤 했지요. 목청 좋은 선소리꾼이 '모심기 노래'의 앞소리를 메기면 나머지 사람들이 뒤를 이어 나가는 흥겨운 소리의 난장이 어찌나 좋았던지

못줄을 잡은 어린 농사꾼인 저는 속으로 흐뭇해했습니다. 그동안 도시 생활을 하면서 함께 일하는 즐거움을 잃고 살았군요.

사람에게는 홀로 걸어가는 오솔길도 있어야 하지만, 어깨를 걸고 함께 나아가는 광장도 필요합니다. 광휘에 둘러싸인 예수님을 보고 베드로는 그곳에 머물자고 하지만 주님은 산 아래로 향하셨습니다. 귀신 들린 아이를 둘러싼 논쟁이 벌어지는 비근한 일상 속으로 말입니다. 거룩함은 통속적인 일상의 한복판에서 빛을 발해야 합니다. 집 책장 모서리에 수류화개水流花開라는 글귀를 붙여 놓았습니다. 물은 흐르고 꽃은 피어난다는 뜻이겠지만, 저는 이것을 능동적으로 읽고 싶습니다. 고인 물은 흐르게 하고 잠들어 있는 꽃은 피어나게 하라고 말입니다. 예수님의 발걸음이 닿는 곳마다 뭔가에 막혔던 생명의 물줄기가 다시 흐르게 되었고, 오랜 세월 동안 피어날 줄 몰랐던 사람다움의 꽃이 피어났습니다. 때가 이르기는 하지만 정진규 시인의 시 한 편이 떠오릅니다.

지금 이 땅엔 진달래가 지천이야
죽은 이의 무덤가에도 진달래가 지천이야
아무런 눈치도 보지 않고

왈큰왈큰 알몸 열어 보이고 있어,
무덤도 열고 있어
때가 되니 그냥 그렇게 하고 있어
사람들은 왜 싸워서 자유를 찾나
자유를 가로막나
이 땅의 진달래꽃들은
때가 되니 그냥 그렇게 하잖아
신명나게 그냥 그렇게 하잖아
지금 나 한 사날 잘 열리고 있어
누구나 오셔, 아름답게 놀다 가셔![48]

　왈큰왈큰 알몸을 열어 보이는 진달래, 무덤까지도 열고 있는 진달래처럼 울울한 우리 마음도 우리 역사도 잘 열렸으면 좋겠습니다. 그곳에서 희망의 등불 하나를 밝히면 세상은 그만큼 밝아질 겁니다. 희망은 힘이 세니까요. 각별히 건강에 유의하고 정신의 독립군이 되기 위해 늘 깨어 계십시오. 산에서 만난 애잔한 노랑제비꽃이 선생님의 미소를 닮았더군요.

3부

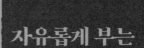

자유롭게 부는

바람처럼

불의한 세상을
이길 힘

선생님, 보내 주신 편지를 감사한 마음으로 받았습니다. 센 강변을 걸어 문화원과 집을 오가는 선생님의 동선을 그려 보다가, 몇 해 전 에디트피아프호를 타고 센강을 유람하면서 보았던 여러 다리와 주변 풍경이 아련히 떠올랐습니다. 영화로 유명해진 퐁네프의 다리를 보려고 다리품을 팔았는데, 무척 허름하고 초라한 다리여서 놀랐던 기억도 나는군요. 그 다리 중간쯤에 서서 지나는 사람들과 배들을 보며 "도시는 사람들의 기억과 과거의 창고이며 문화적 전통과 가치의 저장소"라는 발터 벤야민의 말에 동감했던 생각도 납니다. 어쩌면 고색창연한 파리 도심과 건물들에서 느낀 세월의 무게 때문이었을 겁니다. 도시 어디를 둘러보아도 고층 건물과 아파트가 즐비한 서울이 자랑스럽기는커녕 슬퍼 보이는 까닭은 이 도시가 기억의 창고도, 문화적 전통과 가치의 저장소도 아니라는 자각 때문입니다.

광화문과 덕수궁에서 왕궁 수문장 교대식이 열려도 왠지 생경해 보이는 까닭은 무엇일까요? 전시 기획 행정의 결과물이기 때문이 아닐까요? 청계천에 물이 다시 흐르게 되었다 해도 박태원이 묘사했던 '천변풍경'은 이제 기대할 수 없습니다.[49] 서로를 바라보는 사람들의 시선이 너무 가파르거나 무심하기 때문입니다. 공동의 경험과 기억의 온축이 문화일진대 우리는 계속해서 문화를 파괴하면서 살지 않습니까? 자연스러워야 할 우리네 삶은 인위로 덧칠해지고, 그 속에서 우리는 잠수함 속 토끼처럼 숨을 헐떡입니다. 어디를 가든 파헤쳐진 길이 막아서고 새로 짓는 건물이 눈에 띕니다. 소음은 견딜 수 없을 정도입니다. 어떤 이는 서울이 역동적이라고 말하지만, 제게는 서울이 가학적인 것만 같습니다. 시간이란 자기 부정의 형식이라지만 부정해야 할 자기 모습조차 없는 게 우리네 몰골이 아닌지요. 언젠가 선생님이 "세상은 권력power과 이윤profit과 쾌락pleasure이라는 세속적 가치를 획득하기 위한 전쟁터가 되어가고 있다. 우리 사회는 그것을 규제하고 통제하고 새로운 방향을 부여하는 초월적 가치의 영역이 거의 존재하지 않는 상태다"라고 하셨던 말씀이 통렬하게 다가옵니다.

　요즘은 제가 너무 사람들의 일상과 동떨어진 생각을 하며 살고 있지 않나 생각할 때가 많습니다. 아파트 값 오름

세에 온통 정신을 팔고 있는 사람들에게 나눔과 돌봄, 섬김, 생명, 평화, 느림을 이야기하는 게 얼마나 적실한가 회의가 듭니다. 그런 생각이 들 때마다 꾀꼬리 이야기를 떠올립니다.

개구리 울음소리가 낭자한 어느 저녁 꾀꼬리는 기분이 좋지 않았습니다. 자기 노래가 개구리 울음소리에 파묻혀 버렸기 때문입니다. 꾀꼬리는 하나님께 하소연했습니다. 그러자 하나님이 말씀하셨습니다. "네가 노래를 부르지 않으니 개구리 울음소리가 더 크게 들리는 것 아니니?"

거룩한 분노와 근본적 낙관주의

불의한 현실을 향한 분노를 잃어버리는 일처럼 참담한 건 없습니다. 그것은 모든 것을 잃는 것일 테니까요. 남아프리카공화국의 신학자 알란 보에삭의 말에 전적으로 동감합니다. 그는 오늘의 교회가 잃어버린 것은 심리학이나 문학이 아니라 '거룩한 분노'라고 말했습니다. 거리에서 불의가 자행되고 거짓이 횡행하는 세상에 살면서 분노할 줄 모른다면, 하나님도 세상도 알지 못한다는 것입니다. 순교자인 카이 뭉크는 오랜 역사 동안 교회의 상징은 사자, 어린양, 비둘기, 물고기였지 카멜레온이 아니었다고 말한 바 있습니다. 정의와 평화가 유린당하고 하나님이 창조하신 세계가 대규모로 파괴되는 현실을 목도하면서도 분노하지 않는 교회는 이미 하나님의 백성들의 모임일 수 없습니다.

하지만 거룩한 분노 또한 믿음에 바탕을 둔 근본적 낙관주의와 결합해야 할 것입니다. 그렇지 않으면 파괴적인 결과를 낳게 될 테니까요. 부드럽게 웃을 줄 모르는 사람, 세상의 작은 것들 앞에 멈춰 설 줄 모르는 사람, 생의 신비에 눈을 감은 사람은 세상을 치유할 수 없습니다. 자세히 보면 세상은 여전히 하나님의 은총이 그치지 않는 곳입니다. "땅이 있는 한, 뿌리는 때와 거두는 때, 추위와 더위, 여름과 겨울, 낮과 밤이 그치지 아니할 것이다"(창 8:22).

하나님은 적대적인 사람들에게 눈길을 고정한 채 절망의 심연으로 가라앉는 엘리야에게 세상에는 아직 바알에게 무릎을 꿇지 않은 선지자가 7천 명이나 남아 있다고 하셨습니다. '다 잘되겠지' 하는 근거 없는 낙관주의가 아니라, 하나님이 살아 계시다는 근원적인 확신에 근거한 근본적 낙관주의야말로 불의한 세상을 이길 힘입니다. 그렇기에 신앙인들에게 투쟁의 뿌리는 기도여야 하고, 투쟁의 무기는 사랑이어야 하며, 투쟁의 전리품은 생명과 평화가 되어야 합니다.

지금 제 마음을 사로잡은 생각은 고발과 위로라는 예언

자적 선포의 두 핵심이 버성기지 않으면서 조화를 이룰 길이 있느냐는 것입니다. 물론 답은 이미 나와 있습니다. 예수님의 삶이 그 답입니다. 하지만 현실 속에서 둘은 별거에 들어간 지 오래입니다. 이게 바로 한국 교회가 세상 사람들에게 '당신들의 천국'이라는 비아냥을 듣는 이유일 겁니다. 얼마 전에 나온 교계 신문의 기사는 한국 개신 교회가 처한 위기를 통계 수치로 보여 주었습니다. 비종교인들을 대상으로 각 종교에 대한 호감도를 조사하니 개신교를 선택한 사람은 12퍼센트 남짓에 불과했습니다. 종교를 바꾼 적이 있는 사람들에게 개종 전 종교를 물었더니 56퍼센트가량이 개신교도였노라고 대답했습니다. 이게 바로 우리의 적나라한 모습입니다. 어쩌다가 이 지경이 되었나 생각해 봅니다.

다양한 분석이 가능하겠습니다만, 한마디로 예수 정신을 버렸기 때문이겠지요. 교회 성장이라는 '말*'에 사로잡혀 예수 정신이라는 '본*'을 버린 것이 오늘의 한국 교회가 세상의 추문 거리가 된 까닭이 아닌가 싶습니다. 민심이 곧 천심이라는 말이 있습니다만, 시대정신은 천박해도 역사의 선택은 엄정하다는 사실을 절실히 깨닫습니다. 정신적 성숙이 물질적 풍요를 뒷받침하지 못한 결과, 오늘날 우리 사회가 노정하는 천민자본주의를 교회도 그대로 답습한 것이 아니겠는지요. 참으로 답답한 노릇입니다. 꿩 잡는 게 매라는 식으로 능력 있는 목사로 인정받으려면 큰 교회를 이루어야 한다는 것이 교역자들의 강박 관념이 된 지 오래입니다. 예수님은 지금도 머리 둘 곳을 찾지 못해 세상을 고단하게 떠돌고 계신 것 같아 죄스럽습니다.

회의의 용광로를 거쳐

한국 교회를 지배하는 감성 과잉의 신앙 양태가 결국 반지성주의의 나락에 빠져들고 말 것 같은 불길한 예감이 듭니다. 신앙은 지성의 희생이 아니라고 배웠습니다. 믿음은 회의의 용광로를 거쳐야 단단해지는 것이지요. 하지만 지성이 없는 믿음, 회의가 용납되지 않는 믿음이 많은 이들을 지배하고 있습니다. 사람들은 근본적인 도전 앞에 서려 하지 않습니다. 결국, 한국 교회의 문제는 '사유하지 않음'이 아닐까 생각합니다.

2차 세계대전 이후 전범 재판에 회부된 악명 높은 나치 전범 아돌프 아이히만의 재판을 참관한 철학자 한나 아렌트는 '악의 평범성'에 대해 말했습니다. 아렌트가 볼 때 아이히만에게는 이념적 확신도 특이한 악의적 동기도 없었습니다. 단지 천박할 뿐이었습니다. 아이히만은 자기가 한 행동을 전혀 반성하지 않았습니다. 자기는 지시받은 대로 수행했을 뿐이므로 아무 잘못이 없다고 주장했습니다. '사유하지 않음'처럼 위험한 것이 어디 있겠습니까? 홀로코스트의 배후에는 주체성을 포기 혹은 방기한 개인과 집단이 있었다는 사실을 유념해야 합니다.

한국 교회의 감성 과잉도 뒤집어 보면 사유의 결핍과 맞닿아 있는 것 같습니다. 얼마 전 런던 킹스크로스에서 벌어진 폭탄 테러에 대처하는 영국인들의 모습을 지켜보면서 복잡한 심회를 가눌 길이 없었습니다. "평화에 이르는 길은 없다. 평화가 곧 길이다"라는 말이 우선 떠올랐습니다. 사르트르의 희곡 《더러운 손》에 나오는 혁명가들은 어린아이가 함께 타고 있는 대공의 마차에 폭탄을 던질 수 있는지를 두고 갈등합니다.[50] 하지만 그것은 세상이 비교적 낭만적이던 시절의 이야기인지도 모르겠습니다. 무서운 세상입니다. 제가 놀란 이유는 사고를 당한 당사자들을 포함한 사람들의 차분한 대응 때문이었습니다. 매스컴도 선정적이지 않았고, 수사 당국도 서두르는 기색이 없었습니다. 그들이 이렇게 차분히 재난에 대처하는 까닭은 재난 상황을 예기하면서 살기 때문일까요? 아니면 민족적 기질이나 문화적 습속과 관련이 있을까요? 똑같은 상황이 우리에게 벌어진다면 우리는 어떻게 대응할까 생각하니 답답해졌습니다. 조심스럽긴 합니다만, 우리는 무슨 일을 만나든지 매우 즉각적으로 감정 반응을 보이는 것 같습니다. 어떤 사태를 정신의 거울에 비추어 반성한 뒤 반응하는 습성이 우리에게는 약하다는 뜻입니다.

한 외국인이 한국인과 한국 문화를 이해하려면 '기분'이라는 말을 알아야 한다고 하더군요. 그 말에 옆구리를 찔린 듯한 느낌이 들었습니다. 기분만 내키면 우리는 정말 못 할 일이 없는 민족입니다. 1998년 금 모으기가 그랬고, 2002년 월드컵 때 보여 준 응원 열기가 그랬습니다. 우리는 신바람을 타고 기적을 만들곤 했습니다. 문제는 그 신바람이 늘 일어나는 것이 아니라는 데 있습니다. 신바람을 타고 놀면서 한껏 부푼 자아 혹은 민족주의는 냉혹한 현실의 벽에 부딪히는 순간 풀썩 꺼져 버리고 맙니다. 그 자리에 남는 것은 잿빛 허무겠지요. 그 허무를 견딜 힘이 없어서일까요? 국적을 포기하는 이들이 속출하고, 이민 행렬이 줄을 잇습니다. 대신 그 자리를 파고드는 것은 불구화된 감성, 즉 감상感傷입니다. 우리는 이성적이기보다는 감상적일 때가 많습니다. 조그마한 상처에도 비명을 크게 질러 댑니다. 감정을 통제하기보다는 풀어놓는 데 익숙합니다. 언제부터 이 지경이 되었는지 모르겠습니다.

어리석어 보이는 길

유동식 선생은 '풍류'라는 단어를 한국인 영성의 본질로 제시합니다.[51] 물론 그것은 최치원의 다음과 같은 말에 근거한 것입니다. "우리나라에는 깊고 오묘한 도가 있는데 이것을 불러 풍류라고 한다國有玄妙之道曰風流. 이는 실로 유·불·선 삼교를 수렴한 것이며實乃包含三敎, 뭇사람들로 참사람이 되게 한다接化群生." 유동식 선생은 풍류라는 단어가 "자연과 인생과 예술이 혼연일체가 된 삼매경에 대한 심미적 표현"이라고 했습니다. 달리 말해 풍류도의 본질은 "하나님과 하나가 되어 그의 뜻을 따라 뭇 사람들과 사랑의 관계를 맺는 데 있다"라는 것입니다. 자칫하면 아전인수격 민족주의라는 비난을 받을 수도 있겠지만, 저는 우리의 유전 인자 속에 이런 요소가 분명히 있다고 믿습니다. 문제는 이런 요소가 언제부터인지 왜곡되기 시작했다는 것이지요.

시인 황지우는 박정희에 대해 말하기를 "그는 내게 낯설고 억압적인 '타자'인 의붓아버지 같은 이미지로 짙게 남아 있다"고 했습니다.[52] 유동식 선생은 이 말을 받아, 자신의 학문도 의붓아버지와의 대면에서 시작된 것 같다고 했습니다. "박정희는 다만 상징일 뿐이고 나의 생물학적 아버지, 나의 스승들을 포함하여 우리 사회의 요직을 차지

했던 내로라하는 원로들이 다 '아버지들'"이라는 말에 저는 크게 고개를 끄덕일 수밖에 없었습니다. 처벌 혹은 불이익을 감수할 용기가 없는 이들은 그들이 만들어 놓은 틀 밖으로 한 걸음도 나갈 수 없었습니다. 개인의 욕구와 자유는 허용되지 않았습니다. 우리는 타율적인 존재로 길들고 만 것이지요. 안타깝게도 저는 이 목록에 '종교' 아니, 더 정확히는 '기독교'를 추가하지 않을 수 없습니다. 사람들을 자유롭게 해야 할 기독교가 오히려 그들을 더 좁은 틀 속에 가둬 두고 있기 때문입니다. 많은 이들이 예수님이 '아바 아버지'라 불렀던 하나님 대신 '의붓아버지'를 모시고 사는 듯합니다. 결국, 문제는 '타자 체험'이 아니겠습니까? 우리의 경우 타자 체험이 주체성 확립으로 이어지지 못했습니다. 의붓아버지를 자처하는 압도적인 타자 앞에서 주눅이 들어 타자화된 자아가 있을 뿐입니다.

의붓아버지 밑에서 자란 자식은 약삭빠르게 마련입니다. 억눌려 왔기에, 속아 살아왔기에 어쩌면 당연한 일인지도 모릅니다. 약삭빠르다는 말은 상황에 대처하는 능력이 뛰어나다는 말일 수도 있겠지만, 자기 이익에 발 빠르다는 부정적 함의가 더 큽니다. 우리가 누군가를 인정하고 칭찬하고 존경하는 대신, 날을 세우고 살아가는 까닭은 눈칫밥을 먹고 살아온 삶의 이력 때문이 아니겠는지요. 오늘 우리에게 부족한 것은 우직함이 아닐까요?

우직야愚直也라는 말이 있습니다. 어리석음이 곧 곧음이라는 말입니다. 똑똑이들이 판을 치는 세상에서 어리석은 듯 보이지만 사실은 곧은 사람들을 보고 싶습니다. 기독교인이 그런 사람들이라면 얼마나 좋겠습니까? 어리석어 보이는 십자가가 생명의 길이라고 고백하면서도 우리는 십자가의 길을 한사코 외면하고 있습니다. 이야기가 너무 자학적으로 흐른 것 같습니다. 하지만 실상을 바로 보는 것이 변화의 시작이 아니겠습니까? 허점 많은 생각을 두서없이 피력한 까닭은 배움에 대한 열망 때문입니다. 질정해 주시기 바랍니다.

애착을 버린 천진함

어제는 주일 예배를 마치고 이웃에 사는 할머니 댁을 방문했습니다. 병상 세례를 베풀기 위해서였습니다. 팔순이 넘은 나이에 신앙에 입문하신 분인데, 그만 증손자를 업다가 넘어져서 기동을 못 하고 계십니다. 몇 해 전 댁으로 찾아갔을 때 할머니는 마음의 짐을 부려 놓듯이 교회에 다니기로 작정하신 까닭을 설명해 주셨습니다. 교회와 골목 하나를 사이에 두고 수십 년을 살았는데, 어느 날부터인지 주일마다 들려오는 찬송 소리가 당신을 부르는 소리로 들리더랍니다. 그래도 선뜻 발걸음이 떨어지지 않아 망설였는데, 그만 이 지경이 되었다는 것이지요. 그 후에 저는 가끔 할머니 댁에 들러 살아오신 이야기도 듣고, 기독교에 관한 이야기도 들려드리곤 했습니다. 어느 날 저보다 자주 할머니를 살피고 계신 전도사님이 병문안을 다녀와서는 병상 세례를 의논해 왔습니다. 당사자가 원하느냐 물었더니 그렇다고 했습니다. 그래서 약식으로나마 세례 교육을 하고 마침내 세례식을 거행하게 된 것입니다.

　신앙의 배경이 전혀 없는 분인지라 신앙 공동체의 일원이 되는 것이 얼마나 아름다운 일인지 알려 드리고 싶어 교역자들과 장로님, 권사님 몇 분도 함께 갔습니다. 저는 일부러 가운으로 갈아입고 찬송가를 몇 장 불렀습니다. "나 같은 죄인 살리신 주 은혜 놀라와~", "천부여 의지 없어서 손들고 옵니다~." 할머니의 눈가에 눈물 한 방울이 맺히는 것을 보았습니다. 기도와 간단한 문답을 마친 후 할머니 머리에 손을 얹어 세례를 베풀었습니다. 기력이 소진되어 수척해진 몸과 마음에 그리스도의 평화가 깃들기를 간구했습니다.

　축하의 인사를 드리라며 곁에 있는 전도사님을 돌아보니 황망히 눈물을 닦고 계셨습니다. 평소에는 감정을 잘 통제하는 분인데, 아마 감동의 눈물이었을 겁니다. 언젠가는 할머니의 병상에 다녀와서 환히 웃으며 제게 말씀해 주시더군요. "할머니가요, 앞서 하나님께 가게 되면 저를 잘 돌보아 달라고 특별히 부탁하시겠대요." 외로운 당신의 병상을 자주 찾아오는 전도사님이 그렇게나 고마웠던 것이지요. 그보다 더 큰 축복은 없겠다고 말하자 전도사님은 행복한 미소를 지었습니다.

동행한 이들이 축하 인사와 함께 준비해 간 꽃다발을 품에 안겨 드리자 할머니의 입가에 잔잔한 미소가 떠올랐습니다. 기력이 다해 세상에 대한 애착도 미련도 다 버렸기 때문일까요? 할머니의 눈빛은 맑고 고왔습니다. 그리고 선했습니다. 아이에게서 볼 수 있는 천진함이 깃든 눈길은 구원의 빛으로 고요했습니다. 돈과 명예와 삶에 대한 과도한 애착이라는 의붓아버지를 떠나 참 아버지의 품에 안긴 것 같습니다. 우리는 언제쯤이면 의붓아버지에게서 벗어날 수 있을까요? 누가복음에 나오는 탕자는 가진 것을 전부 탕진하고 나서야 비로소 제정신이 들었습니다. 햇빛이 스러지기 전에 의붓아버지에게서 돌아설 용기를 내야겠습니다.

이제 이곳은 삼복더위가 시작되었습니다. 가까이 계시면 수박이라도 한 통 나누면서 정담을 나눌 텐데, 마음으로나마 건강을 기원합니다.

용서를 다시 ──────
생각하다

선생님, 평안하시지요? 선생님이 먼 길을 떠나신 지 벌써 10년이 지났지만, 세상은 여전히 그 모양입니다. 오히려 사람들의 발걸음은 더 빨라졌고 표정은 한결 어두워졌습니다. 큰 정신은 만나기 어렵고 바른 소리는 희귀해졌습니다. 마음이 답답할 때면 여름날 천둥소리처럼 울리던 선생님의 호탕한 웃음소리가 듣고 싶어집니다. 그 웃음소리를 듣고 나면 마음이 후련해질 것 같아서입니다. 가끔 지인들과 종묘를 걸을 때면 모든 차별과 분열이 사라진 화엄의 세상을 꿈꾸시던 선생님의 깊은 눈길이 떠오르곤 합니다. 선생님께는 모든 것이 신학적 사유의 대상이었습니다. 종묘의 정전正殿은 '사도적 정통성'과 연결되었고, 창경궁의 정원은 '화엄의 세상'이 되었습니다. 창경궁 연못가에 앉으면 벌써 십수 년 전 선생님과 함께 앉아 있던 어느 날이 떠오릅니다. 선생님은 고요한 데가 있다면서 연못가로 데려가시더니, 늘 메고 다니시던 하얀색 천 가방에서 노란 책자를 꺼내 건네시며 지금 당장 읽어 보라고 하셨습니다. 인도의 사상가 비베카난다가 1893년에 시카고에서 열린 제1회 세계종교회의에서 발표한 논문이었습니다. 우리가 글을 다 읽을 때까지 선생님은 가만히 연못만 바라보고 계셨습니다. 그러고 나서 선생님은 종교가 평화롭게 공존하는 세상의 꿈을 열정적으로 설파하셨습니다. 그때만 해도 저는 선생님이 느끼시는 절망의 깊이를 알지 못했습니다. 그러나 이제는 조금 느낄 수 있습니다.

작년 성탄절 무렵 서남아시아를 휩쓴 해일을 두고 믿지 않는 자들에 대한 하나님의 심판이라고 말하던 자들이 미국 미시시피와 뉴올리언스를 휩쓴 허리케인을 두고 동성애자들에 대한 하나님의 심판이라고 하더군요. 저는 그런 괴물로 변해 버린 정신에 절망하지 않을 수 없습니다. 예수의 이름으로 예수가 부정되는 전도된 현실에 마음 아플 뿐입니다. '성스러움'이 '폭력'과 결합하기 쉽다는 것은 굳이 조르주 바타유나 르네 지라르의 이론을 빌리지 않더라도 우리가 일상적으로 경험하는 현실이기도 합니다. 근본주의 신앙을 가진 이들 가운데는 광기에 사로잡힌 듯한 이들이 많습니다. 빈정거림, 공격성, 타자에 대한 부정, 그 어디에서도 저는 예수의 향기를 맡을 수 없습니다. 인류에 대한 최소한의 예의조차 없는 이들이 지도자연하는 오늘의 현실이 안타까울 뿐입니다.

자유롭게 부는 바람처럼

선생님이 좋아하시던 엔도 슈사쿠의 작품 가운데 《사해의 호반》에 그려진 예수의 모습에서 저는 가슴 저린 감동을 맛보곤 했습니다.

> 예수가 하는 말은 사두가이파나 바리사이파의 라삐[교사]나 짐승 가죽을 입은 예언자의 그것과는 달랐다. 라삐나 예언자들은 언제나 인간의 나약함을 탓하고, 신의 노여움, 신의 무서운 형벌을 가차 없이 위협하듯 말하곤 했는데, 예수는 한 마디도 그런 말은 하지 않았다. 그는 신도 외롭다고 했다. 신은 여성이 남성의 사랑을 구하듯이 인간을 사랑한다고 말했다. 신은 예언자들이 말하듯이 험한 산이나 황야에 숨어 있지 않으며, 고통받는 자가 흘리는 눈물과 버림받은 여인의 괴로움에 함께 계시다고 가르쳤다.[53]

엔도 슈사쿠의 예수님은 기적을 원하는 이들에게 "내가 할 수 있는 일은… 당신들과 함께 괴로워하는 일일 뿐"이라고 말씀하십니다. 죽어 가는 노인의 머리맡에서 하룻밤을 밝히고, 자식을 잃은 어미 곁에 조용히 앉아 지켜보고, 해 질 녘에 앞 못 보는 노파의 손을 잡아 주시는 예수님에게서 저는 참 사람과 참 하나님을 봅니다. 세상은 사랑과 다정함과 친절함을 구하는 이들의 숨죽인 신음으로 가득합니다. 그 외침은 날로 커 가지만, 그에 응답하는 이들은 점점 줄어듭니다. 사실 이렇게 객관적인 관찰자의 시선으로 말할 필요도 없습니다. 제가 사는 꼴만 정직히 바라보아도 충분합니다. 관념 속에서는 사랑의 집을 하루에도 여러 채 짓곤 하지만, 실제로 고통받는 이들 곁에 다가서려는 노력은 게을리하고 있으니 말입니다. 지천명의 나이에 이른 제가 아직도 유년의 숲을 헤매듯 때로 정신적인 공허감에 몸부림치는 까닭은 삶을 머리로만 살아온 탓이 아닌가 생각합니다. 시대와의 불화라기보다는 자신과의 불화로 인해 저는 파리해져 가고 있습니다. '이게 아닌데, 이게 아닌데' 하면서도 여전히 쳇바퀴를 굴리는 다람쥐 꼴이 되어 살고 있습니다.

리처드 바크의 《환상》이라는 책의 서문을 기억하시지요? 대략 이런 내용이었습니다. 강물 바닥에 생물들이 살고 있었습니다. 그들은 각각 자기 나름의 방식대로 강 밑바닥의 나뭇가지와 바위에 꽉 매달려 있었습니다. 매달리는 것은 그들의 생활 방식이었고 흐름에 저항하는 것은 각자가 태어날 때부터 배운 것이기 때문입니다. 어느 날 한 생물이 "나는 매달리는 데 싫증이 났다"라며 강물의 흐름에 자기 몸을 맡기겠다고 합니다. 다른 생물들은 그를 비웃었지만, 그는 숨을 들이쉬고는 손을 놓았습니다. 당장 강물은 그를 넘어뜨려 바위 위에 내던졌습니다. 그러나 이 생물이 다시 매달리기를 거부하자 흐름은 그를 밑바닥에서 들어 올려 자유롭게 했고, 그는 다시 멍들거나 다치지 않았습니다. 하류에 살던 생물들은 어느 날 흐름 위를 자유롭게 떠내려오는 자기들과 같은 모습의 생물을 보면서 "메시아가 왔다"라며 자기들을 구해 달라고 외칩니다.[54] 흐름 위를 유영하던 생물은 바위를 잡은 손을 놓아 버리라고 하지만 그들은 그럴 수 없습니다. 두려웠기 때문이지요. 벌써 읽은 지 수십 년이 지난 소설이 생생히 떠오르는 것은 어쩌면 제가 바위를 붙잡고 있는 생물의 신세를 못 면하고 있기 때문일 겁니다.

한밤중에 찾아온 니고데모에게 예수님은 "누구든지 물과 성령으로 나지 아니하면, 하나님 나라에 들어갈 수 없다"(요 3:5)라고 하시며, 성령으로 난 사람은 자유롭게 부는 바람과 같다고 하셨습니다. 소나무에 부딪히면 솔바람 소리가 되고, 대숲에 이르면 맑은 물소리가 되고, 갈대와 만

나면 숨죽인 흐느낌이 되는 바람 말입니다. 그 바람에 일
렁이며 살고 싶은데 일상은 바람을 틈 없이 차단하고 있습
니다.

얼마 전, 신학교에서 가르침을 받았던 목사님을 오랜만
에 만났습니다. 학교와 교단에서 쫓겨나 외국에서 나그네
처럼 살아가는 분이었습니다. 잠깐의 만남이었지만 그분
이 감내했을 시간의 고통을 생각하니 가슴이 아려 왔습니
다. 모처럼 만나는 제자를 보고 웃고는 계셨지만, 표정에
깃든 쓸쓸함까지 지울 수는 없었습니다. 바쁜 일정 탓에
먼저 떠나야 한다고 인사드리자 목사님은 마치 비밀스러
운 공모를 하는 것처럼 제 귀에 대고 말씀하셨습니다. "잘
견뎌." 그 말의 의미를 알 듯도 하고 모를 듯도 합니다. 견
딤만으로 채워 간다면 인생이 너무 가엾지 않겠습니까? 그
견딤을 저는 싸움의 포기나 체념이 아니라, 우리 속에서
약하게나마 깜빡이는 불꽃을 잘 간직하라는 충고로 갈무
리했습니다.

용서에 관한 질문

얼마 전 서점에 갔는데 책 한 권이 눈에 들어왔습니다.
시몬 비젠탈의 《해바라기》라는 책이었습니다.[55] "아, 이 책
이 번역되었네." 신음하듯 제가 뱉은 말입니다. 벌써 오래

전에 선생님은 이 책을 넘겨주시면서 꼭 번역되면 좋겠다고 말씀하시지 않았던가요. 저는 그 책을 읽고 깊이 감동했고 곧 번역을 시작했지만 분주한 일상에 부딪혀 그만 중동무이하고 말았습니다. 해묵은 체증처럼 제 마음을 짓누르던 책인데, 좋은 번역자를 만나 독자들 앞에 선을 보인 것입니다. 번역본으로 읽으면서 저는 용서에 대해 다시 한 번 생각하게 되었고, 당시 깊은 상처를 받고 계셨던 선생님이 이 책을 읽으며 무슨 생각을 하셨을까 궁금해졌습니다.

2차 세계대전 당시 나치의 집단 수용소에 갇혀 있던 시몬 비젠탈은 배고픔과 피로, 굴욕감을 느끼며 살고 있었습니다. 너무나 많은 사람이 간단하게 죽임을 당하고, 인간에 대한 예의라고는 찾아볼 수 없는 그 시대는 작품에 등장하는 어느 할머니의 탄식처럼 하나님조차 자리를 비운 시대인지 모르겠습니다. 어느 날 시몬 비젠탈은 수용소 동료들과 함께 임시 병원으로 사용하던 학교 건물로 일을 나갑니다. 그런데 적십자 소속의 간호사가 나타나 그가 유대인인지 확인하고 자기를 따라오라고 합니다. 간호사는 그를 어느 방으로 데려갑니다. 임종실이었습니다. 그곳에서 비젠탈은 온통 흰색 붕대에 감긴 채 미동도 없이 침대에 누워 있는 한 독일군 병사를 봅니다. 병사는 비젠탈에게 자기가 이제 얼마 못 살 거라면서 자기를 괴롭히는 어떤 일을 죽기 전에 누군가에게 고백하고 싶어서 그를 불렀다고 말합니다. 카를이라는 이 SS대원은 그렇게 비젠탈에게 자기가 저지른 끔찍한 일을 털어놓습니다. 명령에 따른 것이기는 하지만 그는 동료들과 함께 유대인 수백 명을 한 곳에 몰아 놓고 바깥에서 문을 잠그고 반대쪽에 기관총을 설치했습니다. 그리고는 수류탄을 안에 던져 넣었습니다. 카를은 아비규환의 상황을 물끄러미 바라보다가 2층 창문에서 어린아이를 안은 남자의 모습을 보았습니다. 남자의 옷에는 이미 불이 붙어 있었는데, 한 손으로 아이의 눈을 덮어 가린 채 거리로 뛰어내렸습니다. 카를의 동료들은 기관총을 발사했고요.

카를은 죽음에 직면해서야 양심의 괴로움이 육체의 고통보다 더 크다는 사실을 깨닫습니다. 그래서 자신의 죄를 유대인 중 누구에게라도 고하고 용서를 받고 싶어 했습니다. 살인자가 되고 싶지는 않았다 해도, 살인적인 이데올로기의 포로가 되어 살인자로 거듭난 그의 말투에서, 또 유대인 자기에게 아픈 고백을 했다는 사실만으로도 카를은 참회하고 있음이 분명했습니다. 하지만 비젠탈은 그에게 아무 말도 할 수 없었습니다. 그의 고백이 거짓이 아니라는 것은 알았지만, 그렇다고 그를 용서할 자격이 자신에게는 없다고 느꼈기 때문입니다. 마음 편히 죽고 싶다며 자기를 용서해 달라는 카를을 남겨 두고 비젠탈은 아무 말 없이 방을 나섭니다. 시간이 흐르면서 비젠탈은 과연 자기가 한 처신이 옳았는지 거듭 묻습니다. 그것은 그의 양심에 심각한 윤리적 질문으로 다가왔습니다. 어떤 이들은 비젠탈의 행위가 정당했다고 말하고, 또 어떤 이들은 이미 참회했는데 죽음의 순간에도 그를 편하게 해 주지 않았느냐며 비젠탈을 비난합니다. 비젠탈은 독자들에게 입장을 바꾸어 자문해 보라고 권합니다. "과연 나라면 어떻게 했을까?"

책의 2부는 심포지엄으로, 위의 질문에 대한 다양한 응답을 제시합니다. 사람은 오로지 자기가 당한 일에 대해서만 누군가를 용서할 수 있다고 말하는 사람이 있었습니다. 매튜 폭스는 비젠탈이 카를에게 한 일은 "도덕적으로 책임감 있고 성숙한 답변"이라고 합니다. 그의 침묵은 "침묵하라. 네 양심을 생각하라. 네 희생자를 생각하라. 네 하나님을 생각하라"라는 발언이었다는 것입니다. 레베카 골드스타인은 카를이 만일 "자기 죄를 올바로 자각했다면 자신이 아무 용서도 받지 못할 상황에 놓여 있음을 알았을 것"이라고 말합니다. 아브라함 요수아 헤셸은 "어느 누구도 다른 사람에게 저질러진 범죄를 대신 용서해 줄 수는 없다"라면서 "심지어 하나님조차 인간이 당신을 향해 지은 죄만을 용서할 수 있을 뿐, 인간이 다른 인간을 향해 지은 죄까지는 어쩔 수 없다"는 유대인의 전통을 들려줍니다. 해럴드 쿠쉬너는 용서란 "슬픔을 벗어던지는 것인 동시에, 더 중요하게는 희생자의 역할을 벗어던지는 것"이라고 말합니다. 즉 죄지은 사람을 미워하는 것은 스스로 자신을 더 괴롭히고 자신을 분노하게 만드는 일이기에, 희생자로 규정하도록 내버려 두지 않겠다는 것입니다. 헤르베르트 마르쿠제는 "가해자가 희생자에게 용서를 구하는 것이야말로 비인간적이며 정의에 대한 모욕"이라며 "그러한 범죄를 쉽사리 용서해 주는 것이야말로, 오히려 본질적인 악의 문제를 희석할 뿐"이라고 말합니다. 홍세화는 자기가 비젠탈의 자리에 있었더라도 SS대원을 용서한다는 말을 하지 못했을 거라면서 "진정성이 의심스러운 용서를 통하여 마음의 부담을 없애고 잊는 것보다 용서하지 못한 마음의 부담으로 비젠탈처럼 끊임없이 성찰하는 편을 택했을 것"이라고 말합니다.

하지만 조금 다른 목소리도 있습니다. 달라이 라마는 비극적인 사건과 범죄에 대해 화를 내는 것은 당연하지만, 우리 마음에서 동정심을 잃어버리는 것은 바람직하지 않다고 말합니다. 남아프리카공화국의 데스몬드 투투 주교는 백인 정권이 저지른 만행과 악행을 규명한 '진실과 화해 위원회' 활동을 소개하면서, "깊이 분열되고, 상처받고, 충격받은 나라에 치유와 화해를 가져오기 위해 노력하는 과정을 지켜보면서 나는 그저 놀라울 뿐이었다"라고 말합니다. 그는 "용서가 없다면 미래도 없다"라는 말로 자신의 견해를 밝힙니다.

저는 이 책을 읽으면서 우리가 너무 쉽게 용서를 말하는 것은 아닌가 반성했습니다. 홍세화의 말처럼 마음의 부담을 지워 버리기 위한 감상적인 용서는 현실을 외면하고 싶은 약자의 비겁함이라 생각합니다. 형제가 죄를 지으면 몇 번을 용서해야 하느냐고, 일곱 번이면 족하냐고 묻는 베드로에게 예수님은 일흔 번씩 일곱 번이라도 용서하라고 말씀하십니다(마 18:22). 이 말씀은 형제가 내게 지은 죄에 대해서 그렇게 하라는 말씀입니다. 하지만 그가 다른 이에게 저지른 죄까지 용서할 권한은 내게 없습니다. 상대의 허물이나 잘못, 혹은 악의적인 행동으로 입은 마음의 상처나 손해는 마음을 넓힘으로 용서할 수 있을 겁니다. 그런 받아들임과 용서를 통해 그의 존재가 바뀔 수 있다면 고마운 일이겠지요. 하지만 자기의 잘못을 인정하지 않는 이에게 피해자가 먼저 용서를 선언하는 것이 꼭 잘하는 일인지는 모르겠습니다. 일본군의 위안부로 끌려갔던 할머니들의 한, 민가협 어머니들의 아픔, 광주민주화항쟁 희생자들과 그 가족들의 삶에 불 인두로 지진 것처럼 가해진 폭력의 기억을 누가 함부로 용서할 수 있겠습니까?

미워하지 않고 웃으며 싸우는 길

세상을 떠나시기 전에 선생님이 말씀해 주셨습니다. 가끔 울울함을 떨쳐 버리기 위해 한강 둔치를 걸으며 말없이 흘러가는 한강을 향해 고함을 지르셨다고요. 겉으로는 웃고 계셨어도 속으로는 피눈물을 흘리셨겠구나, 생각하니 목이 멥니다. 선생님이 떠나신 후에도 한국 교회의 현실은 여전히 암담합니다. 교회는 자본주의의 공세 앞에 속절없이 무릎을 꿇습니다. 예수 정신은 온데간데없고, 33세 청년의 핏자국이 아로새겨진 십자가 위에는 화려한 장미꽃이 뒤덮여 있습니다. 저는 부드럽고 온화한 사람이 되고 싶었습니다. 화 잘 내는 사람이 되지 않으려 애썼고, 누구에게도 상처 주지 않으려 노력했습니다. 하지만 그것이 때로는 무기력함의 온상이었음을 이제 알겠습니다. 참으로 온화한 사람이란 "노여워할 일에 대해서, 또 당연히 노여워할 사람들에 대해서, 적당한 정도로, 적합한 때, 또 적당한 시간 동안 노여워하는 사람"[56]이라는 아리스토텔레스의 말에 공감합니다. 슬픔의 역사를 넘어가는 것은 같은 종류의 힘으로 다른 힘을 제압하는 것이 아님을 압니다. 하지만 아직은 제 속에 있는 사랑의 힘이 부족합니다. 죄는 용서함으로써만 없어진다지요? 그래서 고난받는 종은 곤욕을 당하여 괴로울 때도 입을 열지 않고, 도살장으로 끌려가는 어린양처럼, 털 깎는 자 앞에서 잠잠한 양처럼 침묵했던 것인가요?

하지만 이제는 너무 쉽게 용서를 말하지 않겠습니다. 너무 쉽게 눈을 감지 않겠습니다. 그리스도의 뜻을 마음대로 왜곡하는 이들에 대한 거룩한 분노가 없다면 결국 저는 무기력에서 헤어나오지 못할 겁니다. 물론 미움이 제 마음을 지배하도록 허락해서는 안 되겠지요. 거짓과 위선과 비겁에 맞서 싸우되, 미워하지 않고 웃으며 싸울 수 있으려면 더 치열한 내적 준비가 필요할 것 같습니다.

선생님과 눈물로 작별한 지 강산도 변한다는 십 년의 세월이 흘렀습니다. 어리석은 제자는 조금은 더 때 묻고, 편안함에 길든 모습으로 살아가고 있습니다. 댑싸리라도 꺾어 선생님 앞에 내려놓고 종아리라도 걷고 싶은 심정입니다. 울 밑의 황국화가 추광秋光을 자랑한다는 가을이 성큼 다가왔습니다. 꽃이 진 자리에 열매가 맺힌다는데, 수분受粉을 하지 못한 것처럼 알이 들지 못한 채 인생의 겨울을 맞을까 마음이 초조합니다. 선생님은 살아서도 죽어서도 여전히 우리를 가르치고 계십니다. 고맙습니다.

슬픔에게 희망을
말하는 법

선생님, 비 온 후 맑게 갠 산하가 깨끗합니다. 하늘은 아끼는 이에게 한가로움을 선물한다는데 아무래도 제게는 그런 홍복洪福이 주어지지 않으려나 봅니다. 다음 주의 빡빡한 일정을 검토하자니 갑자기 마음이 답답해졌습니다. 그래서 충동적으로 자전거를 끌고 강변으로 나갔습니다. 잔잔한 물결에 일렁이는 햇살은 싱그럽고 이마에 닿는 바람은 부드러웠습니다. 반짝이는 억새들의 춤사위도 아름답고, 강변을 달리는 아마추어 건각健脚들의 땀에 젖은 모습도 보기 좋았습니다. 오랜만에 쓰는 근육이 뻐근해질 때까지 페달을 밟고 또 밟았습니다. 낚싯대를 드리우고 소식을 기다리는 강태공들의 어망을 들여다보기도 했습니다. 거의 팔뚝만 한 웅어를 건져 올리고는 무심한 표정으로 강물에 손을 닦는 조사의 뒷모습에서 우련히 피어나는 흐뭇함을 읽기도 했습니다. 벤치에 앉아 카메라 렌즈를 닦던 노인이 자전거에서 내리는 저를 보더니 "너무 무리해서 타지 마세요"라며 말을 건네더군요. 마치 제 존재가 속절없이 발가벗겨진 것 같아 민망했습니다. 종종걸음으로 보행 연습을 하던 노인은 마치 무거운 짐을 부리듯 벤치에 앉더니 흘러가는 강물을 바라봅디다.

노인의 모습을 힐금거리며 보는데 니코스 카잔차키스의 《전쟁과 신부》에 나오는 한 대목이 떠올랐습니다. 전쟁통에 정든 땅을 떠나 떠돌던 야나로스 신부는 어느 개울가에서 깊은 생각에 잠겨 몸을 구부리고 흐르는 물을 지켜보는 노인을 발견합니다. 개울에는 그의 시선을 끌 만한 것이 아무것도 없었습니다. 그래서 노인에게 말을 건넵니다.

"무엇을 보고 계신가요, 영감님?"

노인은 머리를 들고 구슬픈 미소를 지었다. "흘러가고 사라지는 내 인생을, 내 삶이 흘러가 사라지는 것을 보고 있다오."

"걱정 마세요, 영감님 인생은 어디로 흘러가는지 알고 있으니까요. 바다를 향해서, 모든 사람의 삶은 바다를 향해서 흘러가고 있습니다."

노인이 한숨을 지었다. "그래요, 젊은이, 그렇기 때문에 바닷물이 짜다오. 수많은 사람의 눈물이 모였기 때문이라오."57)

강변에서 보았던 노인 역시 흘러가고 사라지는 무심한 인생을 바라보고 있었을까요? 뇌졸중의 흔적이 너무도 선명하게 새겨진 육체를 끌며 남은 세월을 살아갈 방도를 헤아리면서요. 그분의 생이 행복했는지 불행했는지 알 수 없지만, 그분을 위해 기도를 바치지 않을 수 없었습니다. 마음의 중심에서부터 기쁨과 감사의 샘이 솟구치게 해 달라고요. 《열자列子》에 나오는 영계기榮啓期라는 사람은 죽음에 대해 이렇게 말했더군요.

죽음이란 사람의 마침死者人之終也
늘 그러함에 처해 마침을 얻게 됐으니處常得終
근심할 것이 무엇이 있겠느냐當何憂哉58)

어떠한 상황에서도 흔들리지 않는 떳떳한 마음만 있다면 죽음을 애달파 할 이유가 없다는 말이겠지요? 삶과 죽음은 지호지간指呼之間입니다. 어쩌면 태어나는 순간 헤어진 쌍둥이 형제인지도 모릅니다. 두 형제가 만나는 날이 곧 그들의 마지막 날이라는 게 안타까울 뿐입니다.

줄어들지 않는 슬픔

어쩌다 이런 이야기를 하게 되었을까요? 사실 지난 열흘 동안 저는 세 분의 장례식을 집전했고, 젊은 부부의 결혼을 주례했고, 새로운 탄생을 두 차례나 맞이했습니다. 병상에 누워 계신 분을 몇 차례 찾아가기도 했지요. 죽음의 현실 앞에서 겸허해진 사람들, 설렘이 가득한 표정으로 새 가정을 향해 걸어가는 사람들, 생명의 신비 앞에서 한없이 착해진 사람들, 누군가의 도움 없이는 살아갈 수 없는 처지에 미안해하는 사람들…. 그들을 바라보며 삶이란 근원적으로 슬픈 거라는 생각을 지울 수가 없었습니다. 지천명의 나이에 이게 웬 감상인가 싶기도 하지만, 갈수록 이런 느낌이 강해지는 것은 세상에 가득 찬 고통이 너무 아프게 자각되기 때문입니다. 자칫하면 '슬픔 나라'의 망명객 신세가 되지 않을까 염려가 됩니다. 하늘이 높음은 큰 숨 쉬고 희망을 보라는 뜻이라고 말씀하셨지요. 하지만 오늘 가없이 펼쳐진 푸른 하늘은 이상하게도 누군가의 눈물 같습니다. 천상병 시인의 시 한 편이 가슴 아리게 다가오네요.

외롭게 살다 외롭게 죽을
내 영혼의 빈 터에
새날이 와, 새가 울고 꽃잎 필 때는,

내가 죽는 날
그 다음 날.

산다는 것과
아름다운 것과
사랑한다는 것과의 노래가
한창인 때에
나는 도랑과 나뭇가지에 앉은
한 마리 새.

정감에 그득 찬 계절
슬픔과 기쁨의 주일,
알고 모르고 잊고 하는 사이에
새여 너는
낡은 목청을 뽑아라.

살아서
좋은 일도 있었다고
나쁜 일도 있었다고
그렇게 우는 한 마리 새.[59]

이런 시가 떠오를 때면 새들의 지저귐조차 무심하게 들을 수가 없어요. 벽 사이에서 들려오는 귀뚜라미 소리도 마찬가지고요. "산다는 게 다 그런 거지 뭐" 하고 무심하게 살 수도 없습니다. 우리의 의지와 상관없이 전개되는 세상사를 보면서 체념하기에는 아직 피가 뜨겁고, 모두 그분의 뜻이라고 하기에는 석연치 않은 구석이 있고, 달관을 가장할 수도 없어서 늘 얼굴에 내 천川 자를 그리고 삽니다. 물론 함석헌 선생이 하신 말씀을 모르지 않습니다. "세상이 거친 바다라도 그 위에 비치는 별이 있느니라. … 역사가 썩어진 흙탕이라도 그 밑에 기름진 맛이 들었느니라. … 인생이 가시밭이라도 그 속에 으늑한 구석이 있느니라"[60] 라고 하셨던가요. 하지만 요즘은 이런 말로도 제 슬픔의 영토가 줄어들지 않습니다.

현실의 벽을 뚫는 땀방울

허리케인이 휩쓸고 지나간 중남미 여러 나라 사람들의 비탄에 잠긴 모습과 절규를 보고 들으며, 강력한 지진으로 초토화된 파키스탄의 여러 마을을 보며 삶과 죽음을 자각하는 인간 존재로 몸 받아 살아간다는 것이 복인지 화인지 구별할 수가 없습니다. 천지불인天地不仁이라는 말이 실감이 납니다. 자연 세계의 급격한 변화를 신들의 노여움으로밖에는 설명할 수 없었던 고대인들의 난감함이 느껴지기도 합니다. 난감한 것은 욥의 고난만이 아닙니다. 영화 〈포세이돈 어드벤처〉에 나오는 신부처럼 하나님께 항의라도 하고 싶은 심정입니다. 밸브에서 쏟아져 나오는 뜨거운 수증기 때문에 탈출로가 막히자, 신부는 몸을 던져 밸브를 잠그고는 자기들의 길을 방해하지 말아 달라고 외치며 떨어져 죽지요. 그 모습은 젊은 시절 제 가슴에 새긴 하나님 일꾼의 인장이었습니다.

물론 저는 하나님이 사람에게 영원을 사모하는 마음을 주셨지만, 하나님이 하시는 일의 시종을 사람이 측량할 수 없게 하셨다(전 3:11)는 전도자의 말에 전적으로 동의합니다. 하지만 그렇다 해도 아픔과 슬픔은 사라지지 않습니다. 자연재해의 피해자가 가난한 사람들과 어린이들이라는 사실이 무엇을 의미하는지 알기 때문입니다. 그들은 정의가 사라진 세상에서 구조적으로 가난하게 살 수밖에 없었고, 자신을 지키기 위해 어떤 조치도 취할 수 없었던 사람들입니다. 여러 나라가 구호의 손길을 뻗치고 있다지만, 그것은 근원적인 해결책일 수 없습니다. 가난한 나라의 빚이 탕감되고 한쪽으로 쏠린 부가 재편되는 일이 없이는 평화의 꿈은 신기루에 지나지 않으니까요. 자본주의의 단맛에 취해 살며 고황膏肓에 깃든 탐욕이라는 병이 해결되지 않는 한,

우리는 끊임없이 애가를 불러야 할지 모릅니다.

얼마 전에 테드 창의 소설 《당신 인생의 이야기》를 읽으셨다고요? 그중에 나오는 단편 〈바빌론의 탑〉이 기억납니다. 몇 대에 걸쳐 하늘에 이르는 탑을 쌓는 사람들의 이야기지요. 그들은 자기들의 행위에 양가감정을 느낍니다. 자기들이 더할 나위 없이 순수한 목적을 위해 일해 왔다고 생각하지만, 현명하게 판단했는지는 확신하지 못합니다. 한편으로는 하나님이 창조하신 세계의 신비를 볼 수 있게 허락하신 데 감사했고, 또 그 이상을 보고 싶어 하는 자신들의 욕망을 용서해 달라고 빌었습니다. 테드 창이 들려주는 바빌론 탑의 결말은 시사하는 바가 큽니다. 하늘의 천장을 뚫고 들어간 그들은 세찬 물줄기에 휩쓸려 정신을 잃었다가 어느 황량한 광야에서 깨어나게 되지요. 테드 창은 "인간은 아무리 오랫동안 여행을 해도 결국은 출발점으로 되돌아오게 되어 있다"라고 말합니다.[61] 다만 갖은 노력으로 상상을 초월한 신의 예술성을 흘깃 보고는 세계가 얼마나 정교하게 만들어졌는지 깨닫는 게 고작이지요. 어쩌면 이게 인간의 한계인 듯싶습니다. 지혜로운 삶이란 그 한계를 지키며 사는 것일 터입니다.

어느 소설에 나오는 인물은 인생을 이렇게 간결하게 요약합니다. 늑대라면 먹고 양이라면 먹히는 것, 바로 그게 인생이라고요. 그러면 하나님은? 양도 잡아먹고 늑대도 잡아먹는 무지무지하게 큰 늑대라는 겁니다. 불경스러운 말이기는 하지만, 체험의 적실함이 온전히 담긴 말이기도 합니다. 그런 게 인생이라 해도 우리가 해야 할 일은 있겠지요? 그것은 하늘의 천장을 뚫는 것이 아니라 두꺼운 현실의 벽을 뚫는 것이 아닐까 싶습니다. 희망조차 사치가 되어 버린 사람들, 울 기운조차 없어 초점 없는 눈빛으로 세상을 대하는 사람들, 삶에 대한 의욕을 잃어버린 채 무표정한 얼굴로 세상을 대하는 사람들, 삶의 막장에 선 사람들에게 빛을 돌려주기 위해 땀 흘리지 않는 한 하늘을 향한 우리의 발돋움은 허망한 것이 되고 말 것입니다. 좁은 문으로 들어가기를 힘쓰라는 예수님의 말씀은 아마 이런 의미가 아닐까 싶습니다.

타인의 불행을 얼싸안고

하지만 삶의 가장자리에서 느끼는 으스스한 어지러움, 심연의 인력引力을 어떻게 견뎌야 할까요? 위대한 혼이란 심연을 본 사람들일 것입니다. 어둠을 모르는 밝음이 어디 있고, 절망을 경험하지 않은 희망이 어디에 있으며, 무시무시한 사탄과 겨루지 않고야 어찌 은총을 말할 수 있겠습니까? 문제는 우리가 설명할 수 없는 삶의 변두리를 자꾸 외

면한다는 것입니다. 하나님의 꼬임에 빠져 삶이 이렇게 힘
겹게 되었다고 항의했던 예레미야는 결코 불경한 사람일
수 없습니다. 거룩하신 분의 현존 앞에서 신발을 벗었던
모세나, 입술이 부정한 자가 하나님을 보았다고 두려워했
던 이사야나 모두 심연을 본 사람들입니다. 그랬기에 그들
은 희망을 말할 수 있었습니다.

저는 슬픔에 찬 사람들에게 희망을 말하는 법을 잊었습
니다. 아니지요, 사실 희망은 말이 아닐 것입니다. 곁에 다
가섬이지요. 유한한 인간은 슬픔의 종신형을 선고받은 존
재인지 모르겠습니다. 그러나 그것이 나만의 슬픔이 아니
라 모두의 슬픔이라면 슬픔을 받아들이는 힘으로 서로를
품어 주지 않으면 안 될 것입니다. 이것이 인간의 몸을 입
고 태어난 우리의 소명인지도 모르겠습니다. 우리는 영문
도 모른 채 겪는 누군가의 불행을 해석하는 사람이 아니라
그것을 얼싸안는 사람이 되어야 합니다.

종교인들도, 정치인들도 생명을 얼싸안는 방법을 잊은
듯싶습니다. 큰 정신이 사라졌습니다. 정치인들은 특권의
식의 노예가 된 듯하고, 종교인들은 '다른 신'을 섬기기에
여념이 없는 것 같습니다. 그들의 목소리는 높지만, 담고
있는 뜻은 빈약합니다. 모든 것을 알고 있는 듯하지만, 정
작 알아야 할 것은 알지 못합니다. 옛글에 "밝은 도는 어두

운 것 같다 ^{明道若昧}"는 말이 있습니다. 정말로 아는 사람은 어리석어 보이게 마련입니다. 십자가의 도가 멸망 당하는 이들에게는 어리석어 보이는 것입니다.

> 아주 큰 모서리는 구석이 없는 것 같고 ^{大方無隅}
> 큰 그릇은 늦게 이루어지고 ^{大器晚成}
> 큰 소리는 소리가 없고 ^{大音希聲}
> 큰 형상은 형상이 없다 ^{大象無形} [62]

그동안 알지 못하는 것을 가르치고 보지 못한 것을 보았다고 말하며 산 것은 아닌지 모르겠습니다. 큰 것을 볼 눈이 없으면 작은 것에 집착하게 마련이지요. 자리를 두고 다투는 사람들을 보면 안타깝습니다. 그게 결국은 자아의 팽창욕일 테니 말입니다. 나 아^我 자를 파자하면 손^手에 창^戈을 든 모양이라지요? 자아를 살리려면 결국 남과 겨뤄야 하고, 겨룸을 통해서는 누구든 상처를 입게 마련이고, 상처는 또 다른 원한을 낳게 마련입니다. 다툼을 통해서는 누구도 승자가 될 수 없습니다. 그래서 예수님이 '나를 따르려는 사람은 자아를 버려야' 한다고 했는지 모르겠습니다. 예수님을 따른다는 이들이 버려도 시원찮을 자아를 들이대면서 내로라하는 모습을 볼 때마다 한숨이 나옵니다. 성직자들 자리다툼이나 하라고 예수님이 십자가를 지신 것은 아니지 않습니까?

맑게 갠 산하에서 우중충한 속내를 토로하고 말았네요. 티 없이 맑은 하늘을 기뻐하기에는 슬픔의 무게가 너무 큰 가을입니다. 물론 그런 가운데서도 삶은 계속되겠지요. 태어나고, 먹고 마시고, 만나고, 사랑하고, 병들고 죽는, 생명의 순환 과정이요. 어떻게 하면 제대로 살 수 있을까요? 그분의 일을 위해 부름을 받았지만, 어느 결에 존재로서 목표를 잃은 채 표류하고 있는 것이 아닌지 모르겠습니다.

선생님, 부디 큰 정신이 되십시오. 저는 선생님에게서 그런 가능성을 봅니다. 희망을 말하는 법을 저보다 잘 아는 분이 아닌가요? 이제부터라도 희망을 말하는 법을 배워야겠습니다. 가을에 부디 더 깊어지시고 이 땅의 슬픔을 크게 아파하시길 기도합니다. 평화!

삶의 방향을 ——— 모색할 시간

방범창에 매달려 울어 대는 매미 소리에 놀라 자리에서 일어나니 선득한 아침이 선물처럼 찾아왔습니다. "늦더위 있다 한들 절서야 속일쏘냐. 비 밑도 가비업고 바람 끝도 다르도다. 가지 위의 저 매아미 무엇으로 배를 불려, 공중에 맑은 소리 다투어 자랑하는고." 농가월령가 7월령의 한 대목을 읊조리며 하루를 시작합니다. 우리 집에 찾아온 진귀한 손님을 찍으려고 카메라를 들고 오니, 기미를 알아차린 매미가 손사래를 치듯 날아가 버렸습니다. 우화등선을 꿈꾸며 탈피탈각을 거듭하다가 마침내 하늘로 날아오른 저 매미는 이 도심 어디에서 한 생을 마치려는지….

이제 여름이 지나가고 있군요. 언제부터인가 여름은 제게 무더위의 계절이나 피서의 계절이 아니라, 신경을 곤두세우는 계절이 되었습니다. 교회 학교 각 부서의 수련회가 무사히 끝날 때까지는 긴장을 늦추기가 어렵기 때문입니다. 뭘 그리 마음 졸이느냐고 말하는 이들도 있지만, 한 공동체의 책임을 맡는 자리에 있어 보면 그렇게 쉽게 말할 수 없습니다. 아직 아무도 출근하지 않은 이른 시간, 장한나가 연주하는 프란츠 요제프 하이든의 첼로 협주곡을 오디오에 걸어놓고 느긋하게 선율에 몸을 맡길 수 있는 것은 여름이 무사히 지나갔다는 안도감 때문이겠지요? 믿음은 '맡김'이라고 했으니, 온전히 맡기고 평안하지 못한 것은 믿음이 부족한 때문인지 모르겠습니다.

청년 수련회의 마지막 날, 전날의 강행군으로 피로했겠지만, 굳이 그들을 찾은 것은 건강한 땀을 흘리는 청년들의 모습이 보고 싶었기 때문입니다. 비를 맞으며 일하던 그들은 흠뻑 젖은 작업복 차림으로 저를 반갑게 맞아 주었지요. 득의에 찬 얼굴에는 몸으로 일한 자의 자부심이 가득했습니다. 노동을 통해 몸이 풀어지고, 마음의 경계가 허물어지자 표정에 변화가 일어났던 것 같습니다. 제가 갔을 때 제법 한몫하는 일꾼들의 모습이더군요. 대패로 나무를 다듬고, 다듬은 나무를 지붕 위로 나르고, 서까래를 얹고, 거대한 통나무를 옮기고, 여러 해 켜켜이 쌓인 톱밥과 대팻밥을 긁어내 한곳에 모으는 모습이 아름다웠습니다. 목도꾼이 된 양 거센 빗줄기도 아랑곳없이 줄을 걸어 통나무를 옮겨 놓고는 그 위에 앉아 기념 촬영을 부탁하는 모습이 '인도네시아 벌목 노동자' 같았습니다. 제 마음도 절로 흥겨웠습니다. '여럿이 함께'라는 두레의 원리, 생명의 원리를 원초적으로 보여 주었기 때문입니다. 그런 노동의 경험이 일회적인 경험에 그치지 않고 삶의 태도로 착근될 수 있다면 얼마나 좋을까요?

노동이 주는 선물

노동처럼 사람을 경건하게 만드는 게 또 있을까요? 물론 노동이 소외된 노동이어서는 안 되겠습니다. 어떤 목사님은 홀로 호미를 잡고 밭을 맬 때보다 더 깊이 기도하는 때가 없다며 웃으시더군요. 일하기 싫어하는 이들에게는 외계인의 말처럼 낯설게 들리겠지만, 저는 그 말의 진정을 느낄 수 있었습니다. 그 순간이야말로 외부 세계와 자아로부터 해방되는 시간일 테니 말입니다. 트라피스트회 수도사였던 토머스 머튼 신부는 홀로 있기의 유익함을 이렇게 말했습니다.

깊은 홀로 있기에서 나는 형제자매들을 진정으로 사랑할 수 있게 하는 온유함을 발견한다. 홀로 있으면 있을수록 나는 더 많은 사랑을 그들에게 줄 수 있다. 고독과 침묵은 형제와 자매들을, 그들이 하는 말 때문이 아니라 그들의

존재 자체를 사랑하라고 나를 가르친다.[63]

노동은 우리에게 '여럿이 함께' 하는 존재의 유대감을 안겨 주기도 하고, 오직 자신의 몸과 더불어 홀로 있는 시간을 선물하기도 합니다. 몇 해 전, 로마 근교의 수비아코에 있는 베네딕트 수도원에 갔던 때가 생각납니다. 긴 오름길이 시작되는 수도원 입구 아치형 문 위에 새겨진 라틴어 글귀를 보고 한동안 눈을 뗄 수 없었습니다. "*Ora et Labora.*" 기도하며 일하라는 뜻입니다. 기도와 일처럼 수도원 생활을 잘 요약하는 말은 없을 겁니다. 토마스 아퀴나스는 "노동의 기쁨 없이는 삶의 기쁨도 없다"고 했던가요. 도시에서 생활하는 우리들은 노동의 기쁨에서 소외된 채 살아가는 셈입니다. 노동에서 멀어지면서 진실한 삶의 기쁨도 잃어버린 것이 우리의 일상이 아닐까요. 우리의 실존적 침체와 무기력은 건강한 육체노동을 등한시한 데 따른 결과일 것입니다.

노동을 비롯해 자기 몸을 한계까지 밀어붙이는 사람들을 볼 때마다 외경심을 느끼곤 합니다. 이런 외경심의 이면에는 몸을 쓰는 삶에서 너무 멀어진 제 파리한 실존에 대한 부끄러움이 있을 것입니다. 언젠가 스위스와 이탈리아의 관문인 2,800여 미터의 준령을 배낭 하나 짊어지고 자전거 페달을 밟아 넘는 젊은이들을 보며 '이 고개를 자전거를 타고 넘는 사람과 그렇지 않은 사람은 세상을 보는 방식이 다를 것'이라고 생각한 적이 있습니다. 근육이 빠져나간 제 두 다리가 얼마나 부끄럽던지요. 조오련 씨와 두 아들이 울릉도에서 독도까지 90여 킬로미터가 넘는 바닷길을 헤엄쳐 건넌 일이 있지요. 보도로 그 모습을 접했을 때 제가 대장정에 동참이라도 한 듯 뿌듯했답니다. 그들은 독도의 상징성에 주목해 달라고 했지만, 제게는 목표를 정해 놓고 거기 접근하기 위해 눈물 나는 노력을 하는 그들이 더 크게 다가왔습니다. 에베레스트에 두고 올 수밖에 없었던 동료 산악인들의 시신을 수습하기 위해 휴먼원정대를 꾸려 떠난 엄홍길 대장과 동료들을 보면서도 인간이 얼마나 아름다울 수 있는지 새삼 절감했습니다. 자기 육체를 극한까지 밀어붙이고, 한계를 넘어서기 위해 함께 분투한 사람들 사이에 형성되는 소박하지만 검질긴 우정이야말로 평화의 단초가 되는 것이 아닐까요.

지금 이 순간에 충실할 때

여름이 지나고 초가을이 다가옵니다. 차분히 앉아 자신을 성찰하며, 덜어 낼 것은 덜어 내고, 붙잡아야 할 것은 굳게 잡아야 할 때입니다. 해가 중천에 떠오를 때까지 잠에서 깨어나지 못하는 아이들을 볼 때마다 저도 모르는 사이에 풀썩 한숨을 토해 놓곤 합니다. 일을 위해 주어진 낮 동안은 비몽사몽 간에 보내고, 명상을 위해 주어진 밤에는 정보의 거미줄을 타고 노느라 정신이 없는 이 세대를 어떻게 보아야 할까요? 현대인들은 외부 자극에 끊임없이 반응해야 하기에 자유의 여지가 별로 없는 것 같습니다. 삶이 외부를 향해 있기에 중심을 유지하기가 어렵고, 그러니 늘 뭔가에 쫓기듯 분주한 것이지요. 삶의 주체로 서지 못하는 이들의 특색이 분망함 아니겠습니까? 문제는 다양한 관계를 맺으며 살고 여러 가지 일을 감당하기는 하지만, 정작 자기 인격을 투입해야 할 일은 많지 않다는 것입니다. 존재로서의 목표를 잃는 순간, 우리는 사소함에 빠지게 되고 통속의 덫에 걸려들 확률이 높아지게 마련입니다.

우리 아이들을 비롯한 젊은이들이 가슴에 떳떳함을 지닌 사람이 되었으면 좋겠습니다. 가끔 뭔가 물어보면 진의와는 관계없이 뜸베질하는 소처럼 과잉 반응하는 아이들을 볼 때마다 자신의 삶을 긍정할 힘을 잃은 것이 아닌가, 하여 안타까운 생각이 듭니다. 자기를 잘 제어할 줄 알고 자기 행위의 입법자로 살아가는 사람은 성마르게 반응하지 않기 때문입니다. 하지만 혹여 제 말과 눈길 탓에 방어적인 태도를 내보인 것이라면, 저 또한 정신적인 폭력을 가한 셈이겠지요. 그렇다면 참 미안합니다. 평화와 생명을 삶의 두 중심으로 삼겠다고 다짐하면서도 여전히 평화롭지 못한 속 좁음을 어찌할까요? 사실 평화란 상대가 내 뜻대로 변화되기를 기대하는 마음조차 내려놓아야 가능한데, 아직 저는 그 자리까지 가지 못했습니다.

하지만 살라^生는 명령^命을 받고 태어난 생명일진대 잘 살아야 하지 않겠습니까? 잘 산다는 것은 가슴에 떳떳함을 지니는 것이고, 그것은 지금 이 순간을 충실하게 살 때 주어지는 선물입니다. 그러므로 본능과 외적 자극에 반응하는 데 익숙하던 삶의 자리에 사고와 결단의 물줄기를 끌어들여야 합니다. 반성과 결단이 없는 삶은 신기루를 붙잡으려는 것과 같이 허망할 테니 말입니다.

그렇다면 대체 어떻게 살아야 제대로 사는 걸까요? 여러 해 전, 김흥호 선생의 글을 읽다가 '아, 이거구나' 하고 무릎을 쳤습니다.

무엇이든 기초를 닦기 위해서는 자신만이 지킬 수 있는 계율을 정해놓고 그것을 끊임없이 지켜가야 한다^{持戒}. 남이 무엇이라고 하든 그까짓 것은 문제가 안 된다^{忍辱}. 일 년이고 십 년이고 꾸준히 파들어가야 한다^{精進}. 그러노라면 결국 바위 같은 어려움이 나올 것이다. 그때 바위를 뚫는 기계처럼 모기가 되어 소뿔을 뚫는 것이다禪定. 이때 기적이 일어난다. 바위가 터지고 샘물이 솟아나기 시작한다船若. 어둠을 깨뜨리고 아침 햇살이 비쳐 들어온다. 마음이 다시 열린 것이다. 이 물을 퍼서 모든 생명을 살려내는 것이 사랑布施이다. 사랑은 쉬운 것이 아니다. 사랑하기 위해서는 기초적인 훈련부터 시작해야 한다.[64]

불교의 수행법을 설명한 것이지만, 인생을 마음공부로 여기며 살아가려는 이들에게는 아주 소중한 지침이 되는 말씀이지요.

첫 단계인 지계持戒를 제대로 해 내야 내면에 힘이 고이게 되겠지요? 자기 나름의 원칙을 정해 놓고 그것을 꼭 지켜 가려고 노력하는 과정을 소홀히 하고는 아무런 결과도 얻지 못할 것입니다. 당장은 눈에 띄는 결과가 없어도 꾸준히 자기 약속에 충실하다 보면 어느 결에 정신의 근육이 든든하게 자란 것을 알게 됩니다.

다음에 요구되는 것이 인욕忍辱입니다. 하늘이 높고 푸를 때 거대한 방주를 짓는 노아를 보고 사람들은 비웃었습니다. 하지만 그는 개의치 않았지요. 그의 눈에는 다가올 홍수가 확연히 보였기 때문입니다. 꿰뚫어 보는 사람과 겉만 보는 사람의 차이가 여기에 있습니다.

다음은 정진精進입니다. '지속에의 열정'이야말로 가장 큰 재능이 아니겠습니까? 시작하는 사람은 많지만 마치는 사람은 많지 않은 게 현실입니다. 출애굽 1세대가 광야에서 뼈를 묻을 수밖에 없었던 까닭은 젖과 꿀이 흐르는 땅의 비전을 잃어버렸기 때문입니다. 산을 오르다 보면 숨은 턱에 차오르고, 땀이 비 오듯 쏟아지고, 목표 지점은 아득해 보일 때가 있지요. 그럴 때 가야 할 먼 거리에 자꾸 마음을 쓰다 보면 맥이 빠지게 마련입니다. 오히려 한 걸음만 더 내디딘다는 심정으로 걸어가야 합니다. 우보천리牛步千里, 소 걸음으로 천 리를 가야 하는 게 인생이니까요.

평정심과 용기

자기 한계를 돌파하는 데서 찾아오는 것은 곱게 갈아진 마음, 즉 마음의 고요禪定입니다. 겟세마네 동산에서 눈물로 기도하시던 예수님이 십자가를 향해 뚜벅뚜벅 걸어가실 수 있었던 까닭은 흔들리지 않는 마음의 고요를 얻으셨기 때문입니다. 죽음조차도 뒤흔들어 놓을 수 없는 마음의 고요 속에 머무셨기에 예수님은 십자가 위에서도 평화로웠지요. 십자가 아래에 있던 백부장과 그의 부하들이 주님의 마지막 모습을 본 후에 "참으로, 이분은 하나님의 아들이셨다"(마 27:54)라고 고백한 것을 보세요. '반야'와 '보시'는

'선정'에 이른 사람에게 일어나는 존재의 기적이 아니겠습니까?

너무나 많은 사람이 남이 가진 것을 부러워하느라 자기 속에 감춰진 보화를 보지 못한 채 한평생을 지내는 듯합니다. 보화를 찾으러, 반야의 샘물을 찾으러 밖으로 달려 나갈 필요가 없지 않습니까? 아우구스티누스가 진리를 찾으려면 밖으로 달려 나가지 말고 자기 속으로 들어가라고 한 말도 같은 뜻이겠지요. 예수님은 "네 이웃을 네 몸과 같이 사랑하여라"(마 19:19)라고 하셨지요. 자기를 아끼고 사랑할 줄 알아야 이웃도 사랑할 수 있다는 말로 이해해도 상관이 없을 겁니다. 자신과 평화롭게 지낼 줄 아는 사람이라야 이웃과도 평화롭게 지낼 수 있는 것 아닐까요? 최선을 다해 마음공부를 하겠지만, 일상의 돌부리에 걸려 넘어질지라도 절대 실망하지 않을 작정입니다. 인생길에서 넘어지지 않는 사람도 대단하지만, 넘어질 때마다 다시금 일어나는 사람은 더욱 위대합니다. 잘못도 부끄럼도 취약함도 내 삶으로 받아들일 때 우리는 비로소 하나님의 도우심을 받을 수 있으니 말입니다. 라인홀트 니부어의 기도가 새삼스럽게 떠오릅니다.

하나님, 제가 변화시키지 못할 것은

그대로 받아들이는 평정平靜을 저에게 주십시오

제가 변화시킬 수 있는 것은
변화시킬 용기勇氣를 저에게 주십시오

서로 간의 차이差異를 알 수 있는
지혜智慧를 저에게 주십시오

하루를 살아도 한껏 살게 하여 주십시오
한순간을 즐겨도 한껏 즐기게 하여 주십시오
고난은 평화에 이르는 길임을 받아들이게 하여 주십시오

죄로 가득 찬 이 세상, 주님께서 그대로 끌어안으셨듯이
저도 이 세상을 제 뜻대로 변화시키려 하지 않고
있는 그대로 끌어안게 하여 주십시오

제가 하나님의 뜻에 항복하기만 한다면
하나님께서는 만사를 다 올바로 이룩하실 것을
믿게 하여 주십시오

그리하여, 제가 이 세상에 사는 동안에는

소박^{素朴}한 행복^{幸福}을 누리고,

지극^{至極}한 행복은 영원한 나라에서

주님과 함께 누리게 하여 주십시오⁶⁵⁾

설명이 필요 없겠지요. 변화시킬 수 없는 일을 현실로 받아들이기 위해서는 평정심이 필요하지만, 그것을 받아들인다는 사실 자체가 용기 아니겠습니까? 비겁한 사람은 '만일'이라는 말을 앞세우면서 지금을 충만하게 살지 않습니다. 얼마 전 〈불멸의 이순신〉이라는 드라마에 나온 대사에 사람들이 열광하더군요. "신^臣에게는 아직 열두 척의 전함이 남아 있습니다." 그렇지요. 예수님은 겨자씨만 한 믿음이 있으면 산에게 들려 바다에 빠지라 해도 그대로 된다고 하셨습니다. 당위^{當爲}는 항상 가능성을 동반하고 우리에게 다가옵니다. 이 믿음이 있을 때 맥 빠진 삶에서 벗어날 수 있을 것입니다. 옛사람은 아침에 진리를 깨달으면 저녁에 죽어도 좋다고 했는데, 바로 그게 정신 차린 사람의 말이 아닐까요? 하루를 살아도 한껏 살 수만 있다면 우린 이미 행복한 사람입니다.

이 가을이 우리 아이들을 비롯한 모든 젊은이가 삶의 균형 감각을 되찾는 계절이 되기를 기도합니다. 삶의 방향을 진지하게 모색할 때 레바논의 시인 칼릴 지브란의 글이 이

정표가 되었으면 좋겠습니다.

이성과 열정은 그대가 탄 배의 키이고 돛이다.
둘 중 하나가 망가지면 폭풍 속에 춤을 추거나
망망대해 한가운데서 꼼짝도 못 하고 있으리라.
이성은 홀로 움직이면 족쇄가 되고,
열정이 혼자 나서면 모든 것을 태워버릴 것이다.[66]

본래 자리로 돌아가는
지름길

새벽빛이 희뿌옇게 밝아 오는 아침입니다. 불기 없는 사무실에 앉아 아침을 맞는 일이 조금씩 힘들어지네요. 하지만 밤과 낮의 경계선이 무너지며 아침 햇살이 조금씩 비쳐 드는 이 시간, 새로운 삶을 살라고 주신 복된 순간이 흔감欣感할 따름입니다. 주위가 참 고요합니다. 하루 중 가장 아름다운 시간입니다. 존재한다는 사실 하나만으로도 이렇게 충만할 수 있다는 사실이 참 좋습니다. 정겨운 얼굴들을 머릿속에 그리다가 문득 님의 얼굴이 떠올랐습니다. 하고 많은 얼굴 중에 왜 님이 떠올랐는지는 모르겠습니다. 어쩌면 모딜리아니의 목이 긴 사람들처럼 목마른 표정으로 찾아오는 님이 저를 부른 것인지도 모르겠습니다.

일상의 일을 소홀히 하지 않으면서도 자기가 선 자리를 가늠하기 위해 가끔은 멈추어 설 줄 아는 님이 참 대견합니다. 화가들은 자기 마음에 그린 이미지를 화폭에 옮기다가 가끔 뒤로 물러나 자기 그림을 살피곤 하지요. 자기가 그린 형상이 전체 화면과 조화로운지 살피려는 몸짓일 것입니다. 님은 그런 노력을 게을리하지 않더군요. 삶에는 아폴론적 질서도 필요하지만, 디오니소스적 이탈과 열정도 필요하다고 믿습니다. 하지만 일탈과 열정도 더 큰 질서에의 통합을 지향하는 과정이 아니라면, 다시 말해 더 큰 중심을 향한 솟구침이 아니라면 곤란한 일입니다.

바람에 밀려 쓰러진 나무

오늘날 청년 문화의 전모를 볼 눈이 제게는 없습니다. 그래서 청년 문화를 두고 왈가왈부하는 것이 적절치 않다고 느끼지만, 그래도 직관적으로 느끼는 바는 있습니다. 그것은 '부박함'으로 요약되는 것 같습니다. 관심이 다양하게 분화되어 빛깔은 화려하지만, 지속성은 없는 것이 특색이라면 특색일까요?

중심을 지향하기보다는 중심에서 벗어나는 '탈주선'을 더 소중히 여기는 세상이니 어쩔 수 없다고 생각할 수도 있겠습니다. 하지만 지속성이 없는 일들은 씁쓸한 뒷맛을 남길 때가 많습니다. 일관된 법칙도 지향도 없는 가치들의 무질서한 율동을 보면서 저는 정서적 충격을 느낍니다. 어디로 발을 내딛든 중심을 향한 여정이기를 소망하며 살아온 제게 리좀rhizome적 질서는 매우 곤혹스럽습니다. 가끔 산에 오르다가 바람에 밀려 뿌리를 드러낸 채 쓰러진 나무를 봅니다. 어김없이 뿌리를 아래로 깊이 내리지 못하고 잔뿌리만 발달한 나무입니다. 잔뿌리만으로 버티기에는 세상이 그리 호락호락하지 않은 것 아닌가요? 물론 뿌리를 깊이 내린다는 것은 힘겨운 일입니다. 자기 자신의 어둠과 싸워야 하고, 거친 비바람과 싸워야 하고, 벽처럼 딱딱한 장애와 싸워야 하니까요.

> 이 암흑 속에 나는 계속 뿌리가 되는 게 싫다.
> 젖은 흙담 속에 안절부절 밑으로 늘어뜨려진 꿈에 떠는 뿌리,
> 무엇이든 흡수하고 생각하고 또 날마다 식사를 하는.[67]

젊은 시절부터 좋아하던 시입니다. 삶이 무겁다고 생각되어 비틀거릴 때마다 이 시를 떠올리곤 했습니다. 마치 제 마음을 꿰뚫고 있는 것처럼 생각되었기 때문입니다. 그런데 이상한 것은 이 시를 읊조리고 나면 다시 어둠을 향해 팔을 뻗는 것이 그다지 힘들게 느껴지지 않더라는 것입니다. 그건 어쩌면 '공감'에서 비롯된 힘 때문인지도 모르겠어요. 마음을 새롭게 하면 아픔도 슬픔도 고통도 힘이

되어 삶의 대지 위에 뿌리를 깊이 내릴 수 있게 되는 것 같더군요. 얼마 전에 만난 선배 목사님은 다짜고짜 제게 "김수영이 앙코르와트에 다녀왔으면 〈거대한 뿌리〉를 다르게 썼을 거야"라고 말씀하시더군요. 수백 년 동안 인간의 발걸음이 닿지 않던 앙코르와트의 신전 건물을 휘감아 오른 나무를 보니 자연 앞에서 인간이 얼마나 작은지 절감하신 모양입니다. 그렇지요. 만일 김수영이 그곳을 보았더라면 다른 시적 상상력을 발휘했을지도 모르겠습니다. 어쨌든 김수영은 이 척박한 슬픔의 땅에 발을 붙이기 위해서라면 어떤 수모도 반동도 감내하겠다면서 "제삼인도교第三人道橋의 물속에 박은 철근鐵筋 기둥도 내가 내 땅에/ 박는 거대한 뿌리에 비하면 좀벌레의 솜털"[68]이라고 말합니다.

저는 그렇게 말할 재주가 없습니다. 김수영처럼 삶이 절박하지 않기 때문입니다. 절박함이 없기에 현실에 착근하려는 노력도 그만큼 부족할 수밖에 없습니다. 그렇다고는 해도 제 인생이 부평초처럼 흔들릴 때가 없는 것은 아닙니다. 가장 의미 있다고 생각했던 일들이 무의미하게 느껴지고, 누군가에게 품은 꿈을 접어야 할 때 저도 흔들립니다. 참 고통스러운 순간입니다. 하지만 돌이켜 생각해 보면 그 고통이야말로 은총입니다. 고통이 없다면 살아 있음을 실감할 수 없었을 테고 생명의 고마움을 몰랐을 테니 말입니다. 생텍쥐페리는 일기에서 이렇게 말합니다.

> 인간이란 누구나 바람에 따라 방황한다. 꽃들은 아마 이
> 렇게 말할 것이다. 인간은 뿌리가 없어 상당히 불편할 거
> 야. 그러나 나는 내 몸에서 뿌리가 돋는 것을 느낀다. 그것
> 은 고통의 뿌리다. 고통만이 인간을 대지 위에 뿌리를 뻗
> 게 하는 유일한 은총이다.

어쩌면 우리 시대의 문화가 천박한 것은 고통을 정직하
게 대면하지 않기 때문일 것입니다. 우리는 세계 곳곳에서
벌어지는 전쟁을 마치 컴퓨터 게임을 보듯 바라봅니다. 어
두운 하늘을 가르는 미사일의 섬광은 마치 불꽃놀이와 같
습니다. 미디어는 미사일이 떨어진 자리에서 벌어지는 참
상은 보여 주지 않습니다. 흥건히 흐르는 피, 잘린 손과 발,
아비규환의 비명…. 현대 문명은 그런 것을 감쪽같이 제거
해 줍니다.

전쟁터에서 테러와 굶주림으로 죽어가는 사람들은 피와
살을 가진 사람이 아니라 아라비아 숫자로 치환되어 제공
되고, 우리는 그저 혀를 쯧쯧 참으로써 그들을 망각의 강
에 밀어 넣고는 재빨리 일상으로 복귀합니다. 파괴와 폭력
의 현장에서 죽어가는 이들을 향한 안타까움은 있지만, 그

것이 우리의 평안한 일상을 깨뜨리지는 못합니다.

아픔이 없으니 창조도 없습니다. 무통분만無痛分娩의 시대
는 생명을 낳지 못합니다. 필요한 것을 생산할 뿐이지요.
그렇기에 생명 가치는 생산 구조에 종속됩니다. 기가 막힌
뒤집힘입니다. 그런데도 우리는 뒤집힌 현실을 유일한 현
실로 인정하고 살아갑니다. 자본주의라는 매트릭스는 사
유도 진정한 공감도 허락하지 않습니다. 고통받는 이들이
엄연히 존재하는데도 우리는 무관심과 무감각으로 무장한
갑각류로 변해 가고 있습니다. 프랑스 경제학자 자크 아탈
리는 "시장이 우위를 점하는 곳에서는 소비자가 자기 이익
만을 염두에 두고 행동할 것"이라고 말했습니다. 경쟁 논
리의 종속 변수로 변해 버린 이들에게 남는 것은 타자에
대한 두려움과 거리감입니다. 그 두려움 때문에 사람들은
사나워집니다. 자기를 지키기 위해서 이마에 '맹견 주의'
라는 팻말을 써 붙이고 살아가는 이들입니다.

내면의 소리를 따라 살며

이 시대에 우리가 회복해야 할 가장 소중한 가치가 뭐냐
고 물으셨지요? 저는 서슴없이 '아낌'이라고 대답하겠습니
다. 공감할지 모르겠지만 이것은 제게 절실한 도전입니다.
생태계 파괴가 가속화되는 세상이니 모든 것을 아껴야 하

겠지요. 시간이 촉박합니다. 과민한 탓인지 모르겠지만, 저는 지금의 도시 문명이 마치 나발의 잔치와 같다는 느낌을 받습니다. 아시지요? "도대체 다윗이란 자가 누구며, 이새의 아들이 누구냐? 요즈음은 종들이 모두 저마다 주인에게서 뛰쳐나가는 세상이 되었다"(삼상 25:10)라고 말하며 절박한 처지에 있던 다윗을 조롱한 사람입니다. 모욕당한 다윗이 복수를 다짐하며 부하들을 이끌고 나발의 집으로 향할 때 그는 왕이나 차릴 법한 술잔치를 벌이고 취할 대로 취해 흥겨운 기분이 되어 있었습니다. 다음 날 아침, 숙취와 함께 잠에서 깨었을 때 아내 아비가일에게 지난밤에 있었던 일의 자초지종을 전해 듣고는 심장이 멎고 몸이 돌처럼 굳어 열흘을 앓다가 죽고 맙니다.

나발 이야기는 지금 우리의 이야기입니다. 도취 상태에서 깨어나지 않으면 안 됩니다. 자본주의는 우리의 욕망을 자극하고 확대 재생산함으로써 몸집을 불려 갑니다. 하지만 그것은 군대 귀신에 들려 비탈길을 내리닫는 돼지 떼의 상황과 다를 바가 없습니다.

자본주의 질서는 난폭하기 이를 데 없습니다. 능력 있는 사람보다 덕 있는 사람이 존중받던 호시절은 지나갔습니다. 군자는 사라지고 소인배들이 판을 치는 세상입니다. 세상이 시끄러운 것은 아마 그 때문일 것입니다. 자본주의 질서는 사람을 아끼지 않습니다. 비정규직 노동자가 늘어나고, 능력이 다소 부족한 이들에게는 일자리조차 허락되지 않습니다. 장애를 안고 살아가는 이들은 주변부를 벗어나기 어렵습니다. 얼마 전에 프랑스에서 일어난 빈민층 이주 청소년들의 소요 사태는 우리에게 시사하는 바가 큽니다. 프랑스 말로 대도시 외곽 지역을 일컫는 말이 '방리유 Banlieue'라지요? 그런데 프랑스 정부 당국은 방리유를 '도시민감지역ZUS'이라고 부르더군요. 주변부를 바라보는 주류 집단의 오만한 눈길을 그대로 드러내는 표현입니다. 눈에 보이는 분리의 장벽만 없을 뿐 그들은 자기 땅에서 유배당한 자들입니다.

돈이 주인인 세상에서 우리가 기독교인으로 부름을 받은 까닭이 무엇인지 생각해 본 적 있습니까? 어쩌면 강고한 자본주의 세상에 균열을 내라는 것이 아닐까요? 쉽지 않은 과제이고 도전입니다. 하지만 딱딱한 얼음을 깨는 데는 망치보다 바늘이 유용하듯, 자본주의 질서에 균열을 일으키는 것은 자본으로부터 독립한 사람 하나면 충분합니다. 물론 그런 독립적 인격들이 함께 연대할 수 있다면 더욱 좋겠지요. 저는 바른 신앙인은 정신의 독립을 이룬 사람이라고 생각합니다. 유형무형의 강제에 떠밀리듯 살아가기보다는 자기 내면의 소리를 따라 살아가는 사람들, 그러면서도 사랑으로 이웃에게 다가설 수 있는 사람들 말입니다. 위르겐 몰트만은 교회를 '출애굽 공동체'로 칭했습니다. 바로가 지배하는 세상에서 탈출해 자유의 새 땅으로 향하는 것이 교회의 존재 이유라는 말이지요. 요즘 젊은이들이 좋아하는 말로는 탈영토화와 재영토화를 지속하는 것이 되겠네요.

하지만 오늘의 교회는 자본이라는 '파라오'가 지배하는 세상의 한 부분이 되고 만 것 같습니다. 크기와 힘에 대한 집착으로 교회는 근본인 예수 정신을 잃어 가고 있습니다. 님이 교회에 절망했던 것은 이런 현실 때문이 아닌가요? 이미 교회의 질서 속에 깊숙이 몸을 담은 목사가 아니라면 저 또한 교회를 떠날 생각을 했을지 모르겠습니다. 그러나 저는 교회를 떠날 수 없습니다. 할 수 있는 한, 자본이 아닌 예수의 가치가 교회와 세상의 중심이 되기를 소망하면서 몸부림칠 겁니다.

아낌이 들어설 자리

저는 예수님이 보여 준 삶의 핵심이 '아낌'이라고 생각합니다. 예수님은 만나는 사람들을 모두 아끼셨습니다. 민족의 반역자로 낙인찍힌 세리든, 행실이 나쁜 여자라고 소문난 여인이든, 죄인이라고 규정된 사람이든, 하늘의 벌을 받았다고 백안시되는 병자들이든, 귀신에 들린 사람이든 예수님은 모두 귀하게 여기셨습니다. 인간적인 호오好惡의 감정을 떠나, 그들 존재의 중심에 있는 선함과 아름다움을 보아 내셨습니다. 예수님은 당신께 나아오는 사람은 누구라도 물리치지 않겠다고 말씀하셨습니다. 당신의 존재 이유가 보내신 분의 뜻을 행하는 것이라면서 뜻을 명백히 드러내셨습니다. "나를 보내신 분의 뜻은, 내게 주신 사람을 내가 한 사람도 잃어버리지 않고, 마지막 날에 모두 살리는 일이다"(요 6:39). 이 마음으로 사는 사람이 어찌 사람들을 함부로 대하겠으며 건성으로 대할 수 있겠습니까?

목회자인 저는 아직 이 마음을 얻지 못했습니다. 젊은 날에 품었던 거룩을 향한 열정은 안락하고 안이한 삶에 잠겨 버렸습니다. 잠들었던 제자들을 깨우며 "이제는 일어나 가자"라고 말씀하셨던 서른세 살 청년 예수의 모습은 쉰 살 먹은 이 어설픈 제자의 얼굴에서 가뭇없이 사라지고 말았습니다. 이제 일어서야 할 때라고 느낍니다. 님 같은 청년들이 있어 저는 혼곤한 잠에서 깨어 일어나고 있습니다. 교학상장教學相長이라는 말이 있지요? 가르치는 이와 배우는 이가 함께 성장한다는 뜻입니다. 님의 열정이 저를 새로운 배움터로 초대하고 있습니다. 고맙습니다.

사람들의 심성이 너무 거칠고 사나워졌습니다. 도로 위

를 질주하는 운전자들의 시야가 좁아지고 남에 대한 배려나 너그러움이 줄어들 듯 문명의 무서운 발전 속도는 심성이 황폐해지는 속도와 비례하는 게 아닐까 생각해 봅니다. '느림'이 하나의 상품이 되는 세상이니, 새삼스럽게 느림에 관해 말하고 싶은 생각은 없지만, 그래도 느림은 우리의 문명병을 치유해 주는 가장 소중한 요소입니다. 배고픈 이들을 먹이고, 버림받은 치매 노인들의 대소변을 받아내며 살아가는 사람들, 장애인들을 부둥켜안고 살아가는 사람들의 삶은 속도전일 수 없습니다. 웰빙을 위한 느림도 소중하지만, 이웃을 돌보기 위해 자발적으로 느림을 선택한 사람들이야말로 예수의 제자들입니다. 춘추전국시대에 살았던 노자의 말이 생각나네요.

사람을 다스리고 하늘을 섬기는 데는 아낌 만한 것이 없으니 治人事天莫若嗇
무릇 아낌을 일컬어 빨리 돌아감이라 한다 夫惟嗇是謂早復
빨리 돌아감을 일컬어 덕을 거듭 쌓는다고 한다 早復謂之重積德69)

모두가 이 마음으로 산다면 얼마나 좋겠어요. 사람을 아끼는 것이 참삶의 시작일 겁니다. 특히 세상의 속도에 적응하지 못한 채 뒤처진 사람들, 자기 목소리를 갖지 못한 사람들, 무방비로 폭력에 노출된 사람들을 아낄 줄 모른다면 우리는 결코 참사람이 될 수 없습니다. 경제 발전이라는 파이를 키우기 위해 이들을 버리고 가는 사회는 결코 지속 가능한 사회가 될 수 없습니다. 잃어버린 양 한 마리를 찾아 나서는 목자의 심정이 실종된 문화는 몰락할 수밖에 없지 않을까요? 사람 아낌과 하늘 섬김은 결코 나눌 수 없습니다. 아낌이야말로 우리가 본래의 자리로 돌아가는 지름길입니다.

규모가 커지면 아낌의 자리는 좁아지게 마련입니다. 인간적인 규모라는 것이 분명히 있는 것 같습니다. 간디가 마을 공동체를 세상 변혁의 초석으로 보았던 것은 그 때문일 겁니다. "작은 것이 아름답다"라는 말은 경쟁에서 밀려난 패배자들의 허울 좋은 구호가 아닙니다. 사과 씨 한 알 속에서 과수원을 보아 내는 게 믿음이라지요? 안으로 견고하게 생명을 품은 씨앗처럼, 속에 예수의 혼을 품은 사람들이 있어 세상은 여전히 아름답습니다. 규격화된 벽돌과 역청을 가지고 쌓아 올리는 욕망의 바벨탑은 결국 무너질 수밖에 없습니다.

님처럼 바르게 살려고 애쓰는 젊은이들이 이 답답한 세상에 작은 틈을 만들었으면 좋겠습니다. 몇 해 전 텔레비

전에서 수십 년을 한결같이 바위를 보며 우물을 파는 할아
버지를 본 적이 있습니다. 언젠가는 값진 보화를 얻으리라
는 그분의 바람은 허망해 보였지만, 수도자적인 그분의 몸
짓에서 서늘한 감동을 느꼈습니다. 어리석음이 없으면 세
상을 바꿀 수 없습니다. 사람이 사람으로 존중받고, 모든
피조물이 자기 생명의 몫을 누리는 참 세상을 이루기 위해
몸부림치는 이들의 꿈을 하늘은 외면하지 않을 것입니다.
님의 답답한 마음을 일시에 해결해 줄 답은 제게 없습니
다. 답은 스스로 찾아야 합니다. 다만 그 길에서 예수의 마
음, 즉 '아낌'이라는 단어 하나를 화두처럼 붙들고 살라고
말하고 싶습니다. 김지하 시인의 시를 배달합니다. 평화를
빕니다.

아파트 사이사이
빈틈으로
꽃샘 분다

아파트 속마다
사람 몸속에
꽃눈 튼다

갇힌 삶에도
봄 오는 것은
빈틈 때문

사람은
틈

새 일은 늘
틈에서 벌어진다.[70]

4부

창날 위를 걷듯

조심스럽게

사랑의 레가토 ─────

겨우내 고생 많았지요? 추운 집에 적응하느라 아기들이 고
뿔을 달고 살지나 않았는지 모르겠네요. 난방을 잘한다고
해도 외풍이 심한 집에서는 어쩔 수가 없지요. 부모야 사
서 하는 고생이니 그렇다 치더라도 아이들의 고생이 마음
아프지요. 언젠가 자식을 감옥에 보낸 어머니가 고생하는
아들 생각에 혹독한 겨울 추위를 불기 없는 방에서 난다
는 기사를 보았습니다. 가슴이 뭉클해지더군요. 어머니는
배 아파 낳은 자식의 고통을 당신의 고통으로 고스란히 겪
고 계시네요. 그 기사를 읽고 될 수 있으면 서늘하게 지내
려고 애쓰는 편입니다. 겨울철 사무실 온도를 16도에 맞춰
놓고 지내는 것도 일종의 채무감 때문이지요. 하지만 작년
에 아파트로 이사한 후에는 겨울에도 얇은 이불을 덮고 지
내는 불편한 호사를 누리고 있네요. 그래서 마종기 시인의
〈겨울 기도〉가 더욱 절실하게 다가옵니다.

하느님, 추위하며 살게 하소서.
이불이 얇은 자의 시린 마음을
잊지 않게 하시고
돌아갈 수 있는 몇 평의 방을
고마워하게 하소서.

겨울에 살게 하소서
여름의 열기 후에 낙엽으로 날리는
한정 없는 미련을 잠재우시고
쌓인 눈 속에 편히 잠들 수 있는
당신의 긴 뜻을 알게 하소서.[71]

다리 놓는 자로 부르심

이불이 얇은 자의 시린 마음을 잊지 않게 해 달라는 시인의 염원이 참 절실합니다. 그렇지요. 그 마음을 잃어버리는 순간, 우리는 자신이 세운 감옥에서 살게 되지요. 예언자들의 정념에 대해 말하면서 아브라함 요수아 헤셸은 "악의 뿌리는 열정 속에, 고동치는 가슴 속에 있지 않고 오히려 굳어진 가슴에, 그 냉담과 무감각 속에 박혀 있다"라고 말하더군요. 살아 보니 그런 것 같아요. 열정이 강하면 실수도 잦고 누군가에게 상처를 입히기도 하지요. 하지만 우리 가슴에 깊은 상흔을 남기는 것은 누군가의 열정이기보다는 냉담인 경우가 많아요. 대놓고 비난하는 사람보다 냉소적인 미소로 얼굴을 돌리는 사람에게 우리는 더 큰 모욕감을 느낍니다.

사랑의 반대말은 미움이 아니라 무관심이라는 말도 있지만, 헤셸은 냉담과 무감각을 악의 뿌리라고까지 말하네요. 소위 '무한 경쟁 시대'를 살면서 우리는 점점 갑각류^{甲殼類}를 닮아 가는 것 같아요. 자아의 성벽에 갇힌 채 괴물이 되어 가는 것은 동화 속의 인물만이 아닐 겁니다.

우리는 '다리 놓는 자'로 부름을 받았다고 느낍니다. 하나님과 사람 사이에, 사람과 사람 사이에, 피조물과 피조물 사이에 다리를 놓아 주고, 막힌 것은 뚫어 소통할 수 있게 해 주는 자, 바로 그것이 주님이 우리에게 위임하신 일이 아닐까요. 예수님은 유대인과 이방인, 여자와 남자, 죄인과 의인, 거룩과 속됨의 경계선을 가로질러 길을 내는 일에 당신 목숨을 바치셨습니다. 이사야의 비전도 그런 게 아닐까요?

그 날이 오면, 이집트에서 앗시리아로 통하는 큰길이 생겨, 앗시리아 사람은 이집트로 가고 이집트 사람은 앗시리아로 갈 것이며, 이집트 사람이 앗시리아 사람과 함께 주님을 경배할 것이다(사 19:23).

종교는 나누기 위해 있는 것이 아니라 경계선을 없앰으로써 궁극적인 '하나'에 도달하게 하고자 있는 것입니다. 서로 비스듬하게 기댄 채 살아가는 게 생명 아니겠어요? '지중유산地中有山'이란 말이 있습니다. 하늘을 찌를 듯 솟아 있는 산도 그 뿌리는 땅과 이어져 있다는 말이지요.

멀리해야 할 것들

다음 달이면 목사 안수를 받게 되나요? 이런저런 생각이 많겠습니다. 20년쯤 전 이맘때 저는 목사 안수식을 앞두고 어딘가로 달아나고 싶었습니다. 소명에 대한 확신이 부족하기도 했지만, 일단 그 경계선을 넘으면 다시는 돌아 나올 수 없으리라는 예감 때문이었습니다. 무릎을 꿇고 앉아 안수를 받는 순간 제가 이제는 하나님의 차꼬에 채워진 사람이 되었다는 생각에 감격인지 회한인지 모를 눈물이 흘렀더랬습니다. 사람은 자기가 선택한 길만 걸을 수는 없는 것 같아요. 때로는 길이 나를 선택할 때도 있는 법이지요. 역사 변혁을 위해 고난의 가시밭길을 걸었던 이들도 자기의 지난날을 돌아보며 "그럴 수밖에 없었다"라고 말하더군요.

제게 안수 보좌를 해 달라고 하셨지요? 기꺼운 마음으로 하겠습니다. 이참에 저도 안수받을 때의 다짐을 회복해야겠어요. 그때 저는 다산 정약용 선생이 유배지에서 아들들에게 보낸 편지에서 권했던 성의誠意 공부를 제 삶의 단초로 삼았습니다. "성의 공부는 모름지기 먼저 거짓말하지 않는 일부터 노력해야 한다. 한마디 거짓말하는 것을 마치 세상에서 가장 악하고 큰 죄가 되는 것으로 보고 이것이 성의 공부로 들어가는 최초의 길목임을 명심하거라."[72] 이 말을 하나님의 말씀으로 들었습니다. 하나님의 말씀을 전해야 하는 사람은 마땅히 거짓을 멀리해야 합니다. 그래서 알면 아는 만큼만 말하고 모르면 모른다고 말할 줄 아는 사람, 말의 액면가와 마음이 일치하는 사람이 되고 싶었습니다. 그런데 그리 살지 못했습니다.

허울 좋은 말로 자신과 남을 기만할 때가 많았고, 하지 말아야 할 말로 세상을 어지럽히기도 했습니다. '목사'라는 허울 좋은 성의聖衣는 걸치고 있지만, 한 사람 한 사람을 성의로 대하지 못하고 있습니다. 예배 시간에 차에다 키를 꽂아 두고 온 게 아닌가 염려되어 연신 시계를 들여다보며 안절부절못하는 사람처럼, 파도처럼 밀려오는 일들을 바라보며 마음의 고요함을 잃어버리기 일쑤입니다. 광고용 풍선이 바람 부는 대로 허청거리는 모습을 보면서 쓴웃음을 지은 적이 있습니다. 꼭 제 모습인 듯 보여서 말입니다. 기왕 정약용 선생 이야기를 했으니까 그의 말을 한 대목 더 인용하겠습니다.

> 천하에는 두 가지 큰 기준이 있는데 하나는 시비의 기준이요, 또 하나는 이해의 기준이다. 이 두 가지 큰 기준에서 네 종류의 큰 등급이 생기는 것이다. 옳은 것을 지켜서 이익을 얻는 것이 가장 높은 등급이요, 그다음은 옳은 것을 지켜서 해를 받는 것이며, 그다음은 나쁜 것을 좇아 이익을 얻는 것이며, 가장 낮은 등급은 나쁜 것을 좇아서 해를 받는 것이다.[73]

당대의 세도가에게 조금만 몸을 낮추면 유배에서 풀려날 수 있지 않겠느냐는 이들에게 정색하며 한 말입니다. 다산은 세상을 바라보는 두 가지 관점을 말합니다. 하나는 시뮤와 비非의 기준에 따라 세상을 보는 것입니다. 또 하나는 이익利과 손해害의 기준에 따라 세상을 파악하는 것입니다. 두 가지 관점을 연결하고 있지만, 물론 다산이 우선 고려하는 것은 옳고 그름에 관한 판단입니다. 그가 말한 대로 옳은 것을 지킴으로써 이익을 얻을 수 있다면 더할 수 없이 좋겠지요. 하지만 옳은 것을 지키려다가 해를 당할 수도 있습니다. 불의한 세상일수록 그렇습니다. 예수님의 십자가가 그런 것 아니겠어요? 옳고 그름의 기준 대신 이익과 손해의 잣대로 인생을 대할 때 우리는 병든 삶을 살게 됩니다. 불의와 공모해 이익을 얻을 수는 있겠지요. 하지만 다산도 말하다시피 불의와 공모해 얻은 이익은 곧 해로 변할 수밖에 없습니다. 주님은 당신을 따르는 이들에게 평안을 빌어 주셨지만 안락한 삶을 약속하지는 않으셨습니다. 안락한 삶을 지향하는 순간 우리 영혼은 잠들기 시작합니다. 명예나 돈이 내 삶을 지배하도록 허용하지 않겠다는 의지가 없으면, 우리의 사역은 밥벌이 수단으로 전락할 수밖에 없습니다. 김달진 선생의 《산거일기》를 읽다가 가슴 서늘한 구절과 만났습니다. 마음공부를 하려는 학인들을 보며 쓴 글입니다. 님도 명심하면 좋을 듯합니다.

학인은 먼저 기개가 있어야 할 것이다. 명리를 바라고 영달을 꿈꾸는 정신에는 기백을 바랄 수 없다. 청빈을 도리어 영광으로 알아야 하고 곤고困苦에 대한 인내가 있어야 하고 지향에 대한 열정이 있어야 할 것이다. 신명을 아끼지 않을 각오가 없는 생활에 무슨 학구의 깊이가 있고 대성이 있겠는가? 학인으로서 가장 경계할 것은 무엇보다 먼저 상인商人 근성일 것이다.[74]

영혼의 타락을 막는 길

목사 안수를 받으며 저는 어떤 경우에도 추종자를 만들지 않겠다고 다짐했습니다. 일종의 거리 두기라고 할 수 있지요. 칼릴 지브란은 결혼하는 이들 사이에도 출렁이는 바다를 두라고 말했어요. 참 중요한 것이 '사이'입니다. 그것은 서로가 자유롭게 숨 쉴 수 있는 틈이고, 서로를 잘 바라볼 수 있게 하는 거리이기 때문입니다. 사람들은 영적 지도자들을 추종하려는 경향을 보입니다. 모든 것이 불확실한 세상에서 불안을 이기기 위한 발버둥일 겁니다. 하지만 추종자는 독립적인 인격이 되기 어렵습니다. 마태복음 23장에서 예수님은 "너희는 랍비라는 호칭을 듣지 말아라. … 또 너희는 땅에서 아무도 너희의 아버지라고 부르지 말아라. … 또 너희는 지도자라는 호칭을 듣지 말아라"(8-10절)라고 하셨어요. 우리는 사람들이 독립적인 존재로 살아가도록 도우라고 부름을 받았지, 그들을 지배하고 간섭하고 예속하도록 부름을 받은 것이 아닙니다.

예수님은 당신이 행하는 기적에 열광하는 사람들 곁을 벗어나곤 하셨는데, 그들의 허망한 집착에 찬물을 끼얹어 미망에서 깨어나게 하려는 것이 아니었을까요? 열광은 미성숙한 영혼의 특색입니다. 사람은 진리를 한사코 외면하면서 허망한 것에 대해서는 생래적 기호를 가지는 듯해요.

그래서 정겹고 부드러운 말 뒤에 숨어 있는 뱀의 혀를 보지 못하는 것이지요.

남이 나를 지배하도록 허용하지 않는 것도 중요하지만, 어떤 경우에도 남을 지배하지 않겠다는 결단 역시 중요합니다. 남을 지배하려는 경향을 지닌 사람들은 잡아 온 곤충의 몸에 독을 주입하여 마취시키는 독거미와 같습니다. 곤충들은 혼미함 속에서 살을 파 먹히지요. 어쩌면 달콤한 꿈을 꾸는지도 모르겠네요. 저는 한국 교회를 생각할 때마다 암담함을 느낍니다. 기우이기를 바라지만 무뎌진 영혼을 갈아엎고 그 속에 진리를 향한 열정을 파종해야 할 교회가 오히려 사람들의 영혼을 잠재우고 있는 것은 아닌가 생각됩니다. 차라리 이런 염려가 근거 없는 것으로 판명된다면 춤이라도 추겠습니다. 지배에 맛 들이다 보면 스스로 괴물로 변하고 있음을 알아차리지 못하게 됩니다. 도스토옙스키는 권력의 위험에 관해 이렇게 말하더군요.

채찍으로 때리는 권세에 한번 맛 들인 사람, 하느님에 의해 자신과 같이 인간으로 창조된 형제들의 육체와 피, 영혼을 지배하고, 더할 수 없는 모욕으로 그들을 멸시할 수 있는 권력을 경험해본 사람은 그 자체에 도취하게 된다. 포악함은 습관이 된다. 이것은 차차 발전하여 마침내는 병이 된다. 나는 인간이 아무리 훌륭하다고 해도 이러한 타성 때문에 짐승처럼 우매해지고 광폭해질 수 있다고 생각한다. 모름지기 피와 권세는 인간을 눈멀게 하는 법이다. 거만과 방종이 심해지고 급기야는 받아들이기 어려운 비정상적인 현상도 달콤하게 받아들이게 되는 것이다. … 타인을 때릴 수 있는 권력을 가질 수 있다는 것은 사회적 비리의 하나며, 사회에 내재하는 모든 문명적인 싹과 모든 시도들을 제거하는 가장 강력한 수단이며, 사회 붕괴의 필연적이며 돌이킬 수 없는 완전한 근거인 것이다.[75]

물론 우리는 사람들을 물리적인 수단을 가지고 때리지는 않아요. 그렇지만 정신적인 지배가 채찍질보다 더 위험한 것일 수 있지요. 포악함은 습관이 된다니 얼마나 적확합니까? 권력은 도취이고, 도취는 이성의 소리를 잠재우게 마련입니다. 일단 권력에 맛 들인 사람들은 자기가 미망 속에 있음을 결코 깨닫지 못해요. 그들은 고통을 당하는 이들의 아픔에 공감하는 능력을 상실하게 되지요. 공감할 수 없으니 다가서서 섬길 수도 없겠고요. 바울 사도는 "비천한 사람들과 함께 사귀고"(롬 12:16)라고 했는데, 그것이 우리 영혼의 타락을 막을 수 있는 길이기 때문이 아닐까요?

차이를 인정하고 차별하지 않는

우리가 경계해야 할 것은 특권에 익숙해지는 것입니다. 대접받는 일에 익숙해지고 존대 받는 일이 일상이 되면, 저도 모르는 사이에 자기가 있어야 할 자리를 망각하게 되지요. 자그마한 모욕이나 무시에도 깊은 상처를 입고요. 조금 겸손해지기 위해서는 모욕을 많이 받을 필요가 있다는데, 목회자는 겸손해지기 어려운 구조에 갇혀 있는지도 모릅니다. 어떤 자리에서든 자기 몸을 낮출 줄 알아야 영혼의 질병에서 벗어날 수 있습니다. 물론 우리 사회가 스스로 자기를 낮추는 사람을 함부로 대하는 경향이 있는 것은 사실이에요.

어느 한적한 섬에서 목회하는 후배가 들려준 이야기가 기억납니다. 교우들의 오랜 염원이었던 교회 건축을 하게 되었대요. 현장 노동자들의 수고를 나 몰라라 할 수가 없어서 현장에 나가 이런저런 허드렛일을 도왔답니다. 처음 며칠 동안은 아주 고마워하더니 얼마 지나지 않아 자기를 일꾼 부리듯 하더라는 겁니다. 안 되겠다 싶어서 현장에서 물러나 감독관 자리로 돌아갔더니 그때야 어려워하더래요. 그 이야기를 하면서 대체 목사가 서야 할 자리가 어딘지 모르겠다고 탄식하더군요.

도스토옙스키는 인간을 가리켜 "두 다리를 가진 감사할

줄 모르는 존재"[76]라고 정의했어요. 설명하지 않아도 즉각 공감할 수 있는 말입니다. 바로 저 자신이 그러니까요. 하지만 그는 인간의 더 근본적인 결함은 '끝이 없는 무례함'이라고 말하더군요. 힘 앞에서는 머리를 조아리고 다정함과 선의 앞에서는 무례한 것이 타락한 실존의 모습입니다. 하지만 그렇다고 해서 우리가 힘과 권력을 행사하는 사람이 되어야 하는 것은 아니지요. 우리는 내적인 힘을 가지고 그 힘을 타자를 억압하고 조롱하는 대신 섬기는 일에 사용하는 사람이 있음을 보여 주어야 합니다. 그게 예수의 길이 아니겠어요?

얼마 전 덴마크 일간지 〈율란츠 포스텐〉에 실린 이슬람의 예언자 마호메트에 대한 풍자 만평 때문에 유럽과 이슬람권이 큰 갈등을 빚었습니다. 아시다시피 이슬람은 종교적인 형상을 만들거나 그리는 것을 금지하고 있지요. 그런데 만평은 심지에 불이 붙은 다이너마이트를 마호메트의 터번 속에 그려 넣었습니다. 거기에 함축된 의미는 누가 보더라도 뻔합니다. 이슬람은 테러 집단이라는 것이지요. 이슬람권이 들고 일어서자 유럽인들은 언론의 자유를 내세우며 갈등을 증폭했습니다. 말하기 좋아하는 학자들은 문명의 충돌을 말합니다. 하지만 제가 보기에 이번 사태의 본질은 언론 자유의 수호도 아니요, 문명의 충돌도 아닙니다. 그것은 유럽인들이 품고 있는 오만한 우월 의식의 현시일 뿐입니다. 그들은 자신을 중심에 놓고 다른 이들을 타자화他者化 합니다. 서양 문화는 어떤 의미에서 '타자 만들기' 문화라 할 수 있습니다. 타자를 만든다는 것은 그들을 조종하고 지배하겠다는 의지의 반영입니다. 나와 생각이 다르고 삶의 방식이 다르고 신념 체계가 다른 이들을 사랑하고 존중하는 마음이 없다면 평화로운 세상의 꿈은 남가일몽에 지나지 않습니다.

우리는 가르고 나누는 세상에서 품어 안으라고 부름을 받은 사람들입니다. '레가토legato'란 말 아시지요? 음악 용어인데 두 개 이상의 음을 끊지 않고 부드럽게 이어서 연주하라는 표입니다. 신앙인의 손에는 '사랑의 레가토'가 들려 있어야 합니다. 사람과 사람, 문화와 문화, 나라와 나라, 종교와 종교 간의 차이를 인정하면서 그 때문에 서로를 차별하지 않는 대동 세상을 이루라고 주님은 우리를 부르셨습니다. 부디 하나님의 마음에 기쁨을 주는 사람이 되세요. 님의 삶의 지평이 한층 넓어지기를 기도합니다. 평화!

소외를 극복하는 길 ─────

선생님, 지금쯤 서남아시아 어딘가에 계시겠지요? 지진과 해일이 휩쓸고 지나간 인도네시아, 스리랑카, 인도, 태국, 몰디브…. 그곳이 어디든 퀭한 눈망울로 하늘만 바라보는 사람들 곁에서 말없이 그들의 손을 잡고 계신 모습이 눈에 선합니다. 해일 소식을 전해 들으면서 제일 먼저 나온 탄식은 "왜 하필이면 그렇게 가난한 나라 사람들에게…"였습니다.

　그때 제 마음에 들려온 소리가 있었습니다. 빌라도가 갈릴리 사람들을 학살해서 그 피를 자신이 바치려던 희생 제물에 섞었다는 소식을 듣고 주님이 하신 말씀이었습니다. "이 갈릴리 사람들이 이런 변을 당했다고 해서, 다른 모든 갈릴리 사람보다 더 큰 죄인이라고 생각하느냐? 그렇지 않다. 내가 너희에게 말한다. 너희도 회개하지 않으면, 모두 그렇게 망할 것이다"(눅 13:2-3). 그러고 나서 제 가슴에 밀

려든 감정은 살아 있음의 슬픔이었습니다. 인간의 유한성
에 대한 새삼스러운 눈뜸 때문이었을까요?

사람됨의 길

제가 이렇게 넋이 빠져 당황하고 있을 때 선생님은 단출
하게 짐을 꾸려 그곳을 향해 가셨습니다. 언제나 그렇듯이
그 가볍고 날랜 운신을 보면서 저는 또 다른 부끄러움을
느끼지 않을 수 없었습니다. 이제 그 절망의 소금 땅이 조
금씩 일어서는 모습을 저는 감동적으로 지켜보고 있습니
다. 이해할 수 없는 재난에 걸려 넘어진 땅을 딛고 일어서
려는 생명의 견고한 의지와 그 의지에 힘을 실어 주는 세
계인의 따뜻함 덕분이겠지요. 고통이 있는 곳이면 어김없
이 찾아가 그들의 선한 이웃이 되어 주려는 비정부기구 사
람들, 여행자로 그곳에 갔다가 차마 참상을 두고 떠날 수
없어 자원봉사자로 남은 사람들, 자신이 가진 적은 것이라
도 기꺼이 내놓은 수많은 소액 기부자들…. 그들이 있어
세상은 여전히 희망입니다. 저는 그때 이런 기도를 드렸습
니다.

하나님, 에덴의 동쪽에 사는 우리를 불쌍히 여겨 주십시
오. 이 믿기 어려운 시련을 통해 인류의 정신사가 한 단계

발전하게 해 주십시오. 역사의 가장 짙은 어둠 속에서 인류의 가장 숭고한 정신이 탄생했음을 기억합니다. 이 참혹한 사태를 통해 인간 됨의 본질을 통찰하게 하시고, 피부색과 인종과 민족을 넘어 우리가 하나님 안에 있는 한 가족임을 다시 한 번 확인하는 계기가 되게 해 주십시오. 세계인이 함께 흘리는 눈물과 땀방울이 서로를 갈라놓은 분열의 담장을 허무는, 조용하지만 지속적인 흐름이 되게 해 주십시오.

아브라함 요수아 헤셸은 "사람이 된다는 것은, 싫든 좋든 얽혀 들어가는 것, 행동하고 반응하는 것, 놀라고 응답하는 것"이라고 했습니다. 전체와의 관련성을 잃어버린 채 자기 일에만 몰두하는 현대인들은 어떤 의미에서 사람됨의 길을 벗어난 것인지도 모르겠습니다. 이전과는 비교할 수도 없을 만큼 많은 것을 누리며 살아가지만, 사람들이 여전히 목말라 하는 것은 그 때문이 아니겠습니까? 저는 절망을 피하는 유일한 길은 자신이 목적이 되지 않고 남에게 필요한 존재가 되는 것이라는 데 동의합니다. 행복은 욕망의 충족에서 오는 것이 아니라 누군가에게 필요한 존재가 되었다는 확신에서 오는 것입니다. 그런 의미에서 선생님은 참 행복한 분입니다.

제가 선생님께 무슨 계기로 분쟁 지역을 찾아다니며 봉사활동을 하게 되었느냐고 물은 적이 있지요? 선생님은 이렇게 대답하셨습니다. "기도하는데 마음이 너무 아프더라고요." 우문현답이었던 셈입니다. 그렇지요. 그것보다 더 확실한 이유가 어디 있겠습니까? 자비compassion란 '함께 아파하는 마음'이라지요. 그 마음을 잃어 저는 이렇게 황량한 빈들에 선 채 방황하고 있는 것인지도 모르겠습니다. 그렇게 살다가 결혼도 못 하고 가는 것 아니냐는 짓궂은 질문에 선생님은 "사랑하러 왔다가 사랑에 이바지하고 가는 것이 인생"이라는 샤르댕 신부의 말을 들려주며 설핏 웃었습니다. 그 마음 먹기가 이렇게나 어렵습니다. 저마다 자신의 마른 목을 채우느라 바빠서 말입니다. 카잔차키스의 《미칼레스 대장》이라는 책에 나오는 한 대목이 떠오릅니다. 미트로스라는 크레타의 젊은 용사가 세파카스라는 백발의 노인을 찾아옵니다. 젊은 용사는 노인이 불사신 같다고 생각합니다.

"어르신," 젊은 용사는 노인의 손을 잡으며 말했다. "어르신은 거대한 상수리나무처럼 사셨다고 들었습니다. 폭풍으로 숨 쉬며 백 년 간이나 괴로워하시고, 이기고 싸우고 일하셨다고 들었습니다. 어르신, 백 년을 살아보니 인생이라는 게 어떤 것 같습니까?"

"시원한 물 한 사발 같네." 노인이 대답했다.

"아직도 목이 마르십니까?"

백발의 노인은 팔을 쳐들었다. 넓은 저고리 소매가 스르르 내려앉으며 깡마르고 주름진 팔이 어깨까지 드러났다. 노인은 큰소리로 마치 저주라도 내리듯 호령했다.

"갈증을 다 채운 자에게 화 있을진저!"[77]

이 책을 읽을 즈음 저는 구태의연한 일상에 어지간히 지쳐 있었습니다. 허겁지겁 달려왔지만, 존재로서의 제 목표는 늘 그만한 거리를 유지한 채 신기루처럼 부유하고 있었습니다. 목이 말랐습니다. 그런데 작가가 그리는 어깨 든든한 사내들의 이야기를 읽으면서 숨이 조금씩 가빠 오는 것을 느꼈습니다. 그러다가 만난 이 한마디, "갈증을 다 채운 자에게 화 있을진저!"는 쇠도리깨가 되어 제 정수리를 내리쳤습니다. 다 채우는 것이 잘 사는 것이 아니라, 여백을 마련하고 사는 것이 참삶임을 또렷하게 자각한 것입니다. 뭔가 인생에서 비의秘意의 문이 열리는 것 같기도 했습니다. 물론 그런 깨달음도 반복되는 일상의 풍화 작용을 견딜 수 없었던지 얼마 지나지 않아 슬그머니 자취를 감추고, 일상은 다시금 강력한 아귀힘으로 저를 사로잡았습니다. 몸으로 살지 않고 머리로 사는 자의 한계겠지요.

그렇기에 저는 눈물과 아픔이 있는 곳이라면 어떤 형편이든 가리지 않고 달려가는 선생님의 단순한 삶을 그저 경이의 눈으로 바라보고만 있는지도 모르겠습니다. 사색으로 파악할 수 없는 것을 행위로 이해한다는 말을 이제는 알 듯합니다. 사람들의 눈물을 닦아 주기 위해 그들 곁으로 다가서는 사람들이야말로 세상을 치시려는 하나님의 팔을 붙잡고 있는 이들이 아니겠습니까?

해석의 욕망에 사로잡힌 괴물

더는 제 마음을 숨길 수가 없군요. 사실 저는 참담한 심정으로 이 글을 쓰고 있습니다. 한국 교회의 어느 유명한 목사가 설교 중에 했다는 말 때문입니다. "서남아시아의 여러 나라에서 바닷속 지진과 해일로 수십만 명이 사망한 것은 우연이 아니라 하나님의 심판"이라고 했다지요. 또 "8만 5천 명이 사망한 인도네시아 아체는 3분의 2가 이슬람교도인데, 반란군에 의해 많은 그리스도인을 죽인 곳이고, 3-4만 명이 죽은 인도의 첸나는 힌두교가 창궐한 곳으로 많은 그리스도인을 죽이고 교회를 파괴한 바 있고, 스리랑카 역시 불교의 나라로 반란군에 의해 많은 그리스도인이 죽임을 당한 곳"이라고요. 저는 천박한 영혼을 보고 있습니다. 이 말 속에 담긴 소름 끼치는 폭력을 봅니다. 사람은 말과 행실로 자기 속에 억압된 욕망을 드러내게 마련이니까요.

폭력은 은둔자의 기도 속에도, 고행 속에도, 뭔가를 이루어 냈다는 행복감 속에도 깃들게 마련입니다. 타인의 고통에 둔감한 자들은 자기도 모르는 사이에 폭력의 매혹에 사로잡힙니다. 누가 그들에게 그런 해석 권한을 주었단 말입니까? 욥이 눈앞에 닥친 참상에 넋을 잃고 말조차 잊은 채 칠일 칠야를 보낼 때 엘리바스와 빌닷과 소발은 우정의 본질을 어느 정도 이해하는 사람이었습니다. 아무 말 없이 욥의 곁을 지키고만 있었습니다. 하지만 욥의 불행을 자의적으로 해석하기 시작하면서 그들은 괴물이 되었습니다. 그들 눈에 '괴물'처럼 보였을 욥이야말로 정직한 사람이었습니다.

저는 이웃의 고통에 화육하기보다 해석의 욕망에 사로잡힌 괴물들이 횡행하는 교회가 두렵습니다. 그들은 그 해석이 곧 폭력임을 모르는 것일까요? 고통의 현장으로 달려가 넋을 잃고 하늘만 바라보는 사람들의 퀭한 눈망울을 바라보았다면, 그런 단정적인 말을 할 수 없을 텐데 말입니다. 엘리바스와 빌닷과 소발이 너무 많습니다. 욥은 그들에게 "고통을 당해 보지 않은 너희가 불행한 내 처지를 비웃고 있다. 너희는 넘어지려는 사람을 떠민다"(욥 12:5)라고 항의했습니다.

이번 사태를 놓고 하나님의 심판 운운하는 사람들은 어쩌면 눈을 감은 선지자들인지도 모르겠습니다. 그들은 인간의 탐욕과 오만으로 빚어지는 자연재해에 관해서는 아무 말도 하지 않습니다. "더 많이, 더 편리하게!"를 부르짖는 오늘날의 생활 방식은 저들의 죽음과 무관할 수 없습니다. 그런데 "내 탓이오!"라고 말하는 사람이 없습니다. 조금만 지나면 별일 없었다는 듯 다시 옛 생활로 복귀할 것입니다. 큰 차를 타고 기름진 음식을 먹으며 이것들을 복이라 여기면서요. 정말 그렇습니까? 저는 진정한 복이란 많이 누리는 것이 아니라, 많이 절제하는 거로 생각합니다. 배를 비우지 않고는 마음도 비워질 수 없다는 말에 공감합니다. 부자가 천국에 들어가기 어렵다는 주님의 말은 용도 폐기되지 않았습니다.

매스컴은 일본과 호주를 비롯한 여러 선진국이 앞다투어 구호금 액수를 늘리는 것은 이 지역에 대한 영향력을 확대하기 위해서라고 말합니다. '국가'라는 기관이 하는 일에 인간의 존엄이나 도덕성의 자리는 없는 듯 보입니다. 벌거벗은 이익만이 있습니다. 너무 비관적인 전망인지도 모르겠습니다. 하지만 더 큰 문제는 기독교인들입니다.

어떤 이들은 이제 선교의 불모지였던 그곳에 복음이 전파될 수 있게 되었다고 기뻐합니다. 저는 그들의 광신적 열정에 분노합니다. 그들에게는 선교의 대상만 있지, 그 자체로 존엄한 인간은 없는 것입니까? 인간에 대한 예의는 어디에 있습니까? 지금 그들에게 필요한 것은 '친구'이지 '선교사'가 아닙니다. 사심 없는 우정과 사랑을 통해 그들이 복음의 정수를 맛보게 된다면 바랄 것이 없겠지요. 하지만 우리의 나눔과 돌봄에 숨겨진 저의가 있다면, 설사 그것이 복음 전파를 위한 것이라고 해도 순수할 수 없습니다.

창날 위를 걷듯 조심스럽게

엠마우스 공동체를 설립한 피에르 신부는 '신자로 불리는 사람들'과 '타인 또는 비신자로 불리는 사람들' 간에 근본적인 구분이 없다고 말합니다. 구분이 있다면 '자신을 숭배하는 자'와 '타인과 공감하는 자' 사이의 구분이 있을 뿐이고, 타인의 고통 앞에서 '고개를 돌리는 자'와 타인들을 고통에서 구하기 위해 '싸우는 자' 사이의 구분이 있을 뿐이라는 것입니다. 저는 이것이 매우 타당한 구분이라고 생각합니다.

지금까지 제가 믿어온 하나님은 비열하고 완악하고 오만하고 인색하고 음란하고 경건치 않은 사람들까지도 품어 안으려고 스스로 상처받기를 주저하지 않는 분입니다. 그렇기에 저는 절망의 심연에 있는 사람들 때문에 하나님이 마음 아파하시는 것을 느낄 수 있었습니다. 사탄이 가장 무서워하는 것은 자비심이지요? 저는 비속한 사람들의 악덕을 보면서도 그들을 심판하지 않고 사랑할 수 있기를 소망합니다. 사랑만이 세상의 소외를 극복하는 단 하나의 길임을 믿기 때문입니다. 이제까지 저는 누구도 미워하지 않으려고 애썼지만, 앞으로는 달라질 것 같습니다. 이런 예감이 저를 우울하게 만드는군요.

일전에 잘 알고 지내던 공직자 한 분이 말씀하시더군요. "목사님, 저는 지금까지 사람들에게 죄는 미워하되 사람은 미워하지 말라고 했습니다. 또 그것이 가능하다고 믿었습니다. 그렇지만 이제 생각이 바뀌었습니다. 세상에는 정말 악인이 있어요. 겪어 보지 않은 사람은 모릅니다." 쓸쓸하게 흔들리던 그분의 눈빛을 저는 감당할 수가 없었습니다. 제가 아무 말도 못 하자 그분은 슬픔과 분노와 비탄을 미화하는 대신 있는 그대로 노래한 시편 시인의 심정을 이해할 듯하다고 말했습니다. 소용돌이처럼 우리 마음을 휘젓는 거친 말들이야말로 어쩌면 우리의 허위의식을 깨뜨리고, 진실 앞에 서게 하는 것일지 모른다고도 하더군요. 너무 안이하게 살아온 것 같아요. 세상의 심연 앞에서 너무 쉽게 눈을 감았어요. 이제 눈을 크게 뜨고 보아야지요.

그런데 해일 피해를 당한 사람들을 돕기 위해 나라마다 모금 활동이 활발하게 전개되고 있다지요. 그것을 통계로 만들어 놓은 것이 눈에 들어왔습니다. 노르웨이 국민은 1인당 약 40달러의 구호금을 구호 단체에 기부한 데 비해 우리나라 사람들은 1인당 약 20센트 정도를 냈다더군요. 이게 정확히 우리 정신의 현주소구나 생각했습니다. 기독교인이 20퍼센트가 넘는다는 자랑이 무색할 지경이었습니다. 하나님의 아버지 되심은 사람들의 형제 됨을 통하지 않고는 이해될 수 없다고 저는 믿습니다. 진정한 회개는 돈 지갑의 회개에서 시작된다는 말도 일리가 있습니다. 예수님을 만난 삭개오는 자진해서 자기 재산의 절반을 가난한 이들을 위해 내놓겠다고 하지 않았습니까.

나눔의 실천이야말로 우리가 하나님을 믿는 가시적 징표가 아닐까요. 나눔의 동기는 물론 순수한 것이어야 합니다. 누군가를 돕는 것은 아름다운 일이지만, 또한 매우 신중해야 할 일이기도 합니다. 나눔의 행위가 일순 자기만족을 위한 허영심으로 변질될 수 있기 때문입니다. 실천實踐이란 단어에서 천踐은 발足에 창戈을 결합한 단어입니다. 실천은 마치 창날 위를 걷는 것처럼 조심스러워야 한다는 뜻으로 새겨 봅니다. 누군가를 물질적으로 도우면서 그에게 굴욕감을 덤으로 얹어 준다면 곤란하겠지요. 어려운 가정 형편 때문에 다른 이의 도움을 받을 수밖에 없지만, 도와주는 사람들의 허세 부리는 태도에 깊은 상처를 입고 살아가는 이들도 있지 않습니까.

이제 정말 시간이 없습니다. 지진과 해일로 죽어간 이들의 희생을 우리 정신의 진일보를 위한 초석으로 삼지 않는다면, 우리는 또 다른 재앙에 직면하게 될지 모릅니다. 어느 곳에서든 평화의 씨를 뿌리는 선생님 같은 분이 있기에, 우리 시대에 드리워진 어둠 앞에서 절망하는 것조차 사치임을 자각합니다. 내내 건강하시고, 많은 이들의 좋은 벗이 되시기를 기도합니다.

칸트의 저녁 산책,
하이데거의 숲길

선생님, 모처럼 고국 나들이가 즐거우셨는지 모르겠습니다. 분주한 일정에도 잊지 않고 찾아 주셔서 고맙습니다. 유붕자원방래 불역락호有朋自遠方來不亦樂乎! 벗이 있어 멀리에서 찾아오니 이 또한 기쁘지 아니한가! 지적 배움에도 열심이지만 인간적 배움에도 열심인 선생님과의 만남은 늘 제가 선 자리를 다시 확인하는 기회가 되니 고마울 따름입니다. 보고 듣고 느끼는 모든 것을 남김없이 기록하려고 애쓰시는 열정이 참 부럽습니다. 그것이 개인적인 비망록을 넘어 사회 자산이 되는 순간을 기다리고 있겠습니다.

　최근에 일본에 관해 다시 공부한다고 하셨지요? "일본을 보니 아버지의 삶을 알 것 같고, 심지어는 지금까지 알지 못했던 나 자신의 모습까지도 보인다"라는 말씀을 들으면서, 제 속에 어렴풋이 새겨진 타자의 얼굴을 생각했습니다. 세월이 지나면 저를 더 밝게 볼 수 있을 거로 생각했으나 갈수록 오리무중입니다. 어느 거울에 비춰야 제 모습이 제대로 보일런지요?

요즘도 파리의 골목 골목을 천천히 거닐고 계시겠지요? 언젠가는 그 느긋하고 창조적인 배회에 저도 동참해 보고 싶습니다. "걷기란 소유로 조각난 땅을 깁는 행위"라는 말과 만났을 때, 걷기가 단순히 건강 증진을 위한 운동이 아니라 문화적 실천이 될 수도 있음을 알았습니다. 두 달 전에 이사한 집에서 교회까지 걷는 재미가 쏠쏠합니다. 빠른 걸음으로 20분 정도 걸리는 가까운 거리지만, 그 사이에서 이루어지는 삶의 풍경은 다양하기 이를 데 없습니다.

아파트촌도 지나고, 철로 변에서 사는 가난한 이웃들의 삶에도 눈길을 던지게 됩니다. 트럭에 과일을 진열해 두고 손님이야 오든 말든 장기판만 골똘히 들여다보는 아저씨에게 오늘은 돈 많이 벌었냐고 핀잔 섞인 질문을 던지기도 합니다. 구멍가게 앞에 내놓은 파라솔에 둘러앉아 주거니 받거니 하다가 불콰한 낯빛으로 지나가는 이들에게 시선을 던지는 사람들에게도 빙그레 인사를 건네 봅니다. 어느 집 담벼락 위로 화려하게 피었다가 허망하게 꽃잎을 떨군 노란 덩굴을 바라보며 세월의 무상함을 느끼기도 합니다.

그동안 너무 바쁘게 살았습니다. '느린 삶'을 주제로 강연해 달라는 방송국의 부탁을 거절한 어느 철학자는 느림에 관해 말하기 위해 바빠지기 싫었다고 말하더군요. 그 말이 참 신선했습니다. 어찌 보면 삶의 클라이맥스라 할 수 있을 때 세상일에 길들기를 거절하고 자발적 소외를 선택한 선생님의 결정도 그런 게 아니었나 싶습니다. 사실 길든다는 것보다 무서운 것은 없습니다. 대접받는 데 익숙해지고, 침묵과 절제된 행동보다는 달변과 과장된 표정으로 사람들을 대하는 제 모습이 싫어질 때가 많습니다. 길듦은 평안과 안락을 약속하지만, 실은 그것이 영혼의 감옥임을 모르지 않기 때문입니다.

자신에게서 느껴지는 낯섦, 되고 싶은 나와 현실의 나 사이의 거리…. 시인 이상의 시가 관념이 아니라 현실로 다가오는 요즘입니다. "거울속의나는왼손잡이오/ 내악수를받을줄모르는-악수를모르는왼손잡이오."[78] 이 기막힌 뒤집힘이 때로 힘겨울 때가 있습니다. 탈주에 대한 욕망이 슬그머니 제 옷깃을 잡아당깁니다. 시간을 내서 파리에 한번 다녀가라는 말씀에 솔깃했던 것도 그런 답답함 때문일 겁니다.

산란한 마음에서 벗어나는 길

언젠가 댁으로 찾아갔을 때, 선생님은 함께 산책하지 않겠느냐고 물었습니다. "좋지요" 하고 따라나선 산책길에서 오랫동안 선생님의 눈길을 받았을 나무들, 텅 빈 운동장, 한적한 길과 만났습니다. 그런 느릿느릿한 산책이 선생님의 삶과 사유의 원천임을 느낄 수 있었습니다. 저물녘 집 옆에 놓인 나무 의자에 앉아 칸트의 저녁 산책과 하이데거의 숲길, 선생님의 산책을 생각했습니다. 그때 이문재 시인의 시가 떠올랐습니다.

> 마음은 저만치 흘러나가 돌아다닌다
> 또 저녁을 놓치고 멍하니 앉아 있다
> 텅 빈 몸속으로 밤이 들어찬다
> 이 항아리 안은 춥다
> 결국 내가 견뎌내질 못하는 것이다[79]

이 시구가 거울이 되어 고요함 없이 떠도는 제 마음을 보여 주었습니다. 이곳에 있으면서도 저기를 서성이는 마음이 가련했습니다. 제 마음의 떠돎은 일상으로부터, 습관으로부터 탈주를 향한 유목적 배회가 아니기에 떠돌면 떠돌수록 마음은 파리해져 갑니다. "또 저녁을 놓치고 멍하니 앉아 있다." 시인의 심정이 이해가 됩니다. 그래서인가요? 마음이 참 춥습니다. 진동한동 지내다 보니 마음이 너무 작아졌습니다. 언제부터 이 지경이 되었는지 모르겠습니다. 헤로도토스가 들려주는 이야기는 활달한 정신의 아름다움을 보여 줍니다. 스파르타인 디에네케스는 페르시아군이 쏜 화살이 어찌나 많은지 태양이 가려질 정도라는 이야기를 듣고 이렇게 말합니다. "트라키스에서 온 객이여, 그대는 우리에게 즐거운 소식을 전해주었소. 메디아 군이 태양을 가려준다면 우리는 그늘에서 싸울 수 있지 않겠소."[80] 무모하다고 해야 하나요, 아니면 용감하다고 해야 하나요?

"산책을 잃으면 마음을 잃은 것/ 저녁을 빼앗기면 몸까지 빼앗긴 것"[81]이라는 시인의 말에 자극받아 잠시 바깥에 나가 얼바람 맞은 사람처럼 집 주변을 어슬렁거렸습니다. 하지만 '나'에게서 해방될 수 없었습니다. 가끔 이럴 때가 있습니다. 몸이 아니라 정신으로만 살아가는 이에게 혹사당한 마음이 가하는 징계가 아닐까 싶어 피식 웃었습니다. 부유하는 마음을 가만히 지켜봄으로써 고운 재처럼 가라앉히고 몸을 꼿꼿이 세우는 것이 산란한 마음에서 벗어나는 길임을 모르지 않지만, 그 일조차 귀찮은 생각이 들 때가 있습니다. 마음이 괴롭다며 찾아온 제자에게 '그 마음'을 가져오라고 했다던 어느 스님의 말을 떠올리는데, 허리가 잔뜩 굽은 할머니 한 분이 힘겹게 언덕을 올라오고 계셨습니다.

세월의 무게가 내려앉은 듯한 할머니의 굽은 허리를 안쓰럽게 바라보다가 T. S. 엘리엇의 시집 헌사에 실린 쿠마에 무녀가 생각났습니다.

> 한번은 쿠마에에서 나도 그 무녀^{巫女}가 조롱 속에 매달려 있는 것을 직접 보았지요. 아이들이 '무녀야, 넌 뭘 원하니?' 물었을 때 그녀는 대답했지요. "죽고 싶어."[82]

아폴로 신의 사랑을 받던 무녀는 소원을 들어주겠다는 신에게 손안에 든 먼지만큼 많은 햇수를 살게 해 달라고 빌었습니다. 신은 무녀가 더 좋은 것을 구하지 않은 것을 유감스럽게 생각하면서도 무녀의 소원을 들어주었습니다. 그러나 무녀는 젊음을 유지하게 해 달라는 청은 잊고 말았습니다. 결국, 무녀는 늙어 꼬부라져 조롱 속에 갇힌 채 아이들의 구경거리 신세로 전락하고 맙니다. 사람의 과도한 욕망이 빚어낼 수밖에 없는 슬픈 장면입니다. 태어나고, 자라고, 성장이 멈추고, 늙고, 죽는 것은 자연스러운 생명의 과정입니다. 하지만 그 과정에 인위적인 간섭이 가해지면서 생명의 리듬이 파괴되는 것 같아 심히 안타깝습니다.

언젠가 잡지에서 본 판화가 생각납니다. 대부분의 땅콩 꼬투리가 바닥에 떨어져 있었는데, 꼬투리 몇 개는 줄기를 끈덕지게 붙들고 있는 그림이었습니다. 그 아래 작가가 붙인 제목이 걸작입니다. 덜 떨어진 놈. 제목을 보는 순간 크게 웃고 말았습니다. '덜 떨어진 놈'이라는 말의 의미가 이보다 명확하게 드러날 수는 없다고 생각했습니다. 이형기 선생의 시 〈낙화〉에 나오는 한 대목을 들어 보신 적이 있을 겁니다. "가야 할 때가 언제인지를/ 분명히 알고 가는 이의/ 뒷모습은 얼마나 아름다운가."[83] 연세가 드실수록 영혼이 가벼워지는 분들이 더러 계십니다. 그런 분들을 볼 때마다 나이를 먹는다는 것은 참 좋은 것이라는 생각이 듭니다.

죽음이 있어 삶이 아름답다

온 나라가 황우석이라는 이름의 주술에 빠졌던 적이 있습니다. 배아줄기세포 연구에서 놀라운 결과를 얻은 그에게 열광한 이는 언론계나 불치병을 앓는 환자와 가족들만이 아닙니다. 정치인들도 그와 사진을 찍느라 야단입니다. 비유를 즐겨 쓰는 그의 화법을 두고 언론은 그에게 '언어의 연금술사'라는 명예를 부여했습니다. 한때 그의 인기는 욘사마를 능가했습니다. 그런데 환하게 웃는 그의 얼굴이 왜 그리도 낯설게 느껴지는지 모르겠습니다. 사람들은 120살은 문제없게 되었다며 희희낙락했습니다. 정말 아무런

유보 없이 즐거워해도 되는 것입니까. 그의 연구에 우려 섞인 반응을 내놓은 이는 역시 종교인들입니다. 한국 가톨릭의 수장인 정진석 대주교는 생명 윤리의 관점에서 그의 연구를 비판했습니다.

지식이나 기술은 개발되는 순간 예측 불가능한 자율성을 갖게 됨을 우리는 잘 압니다. 기술의 미래는 아무도 예측할 수 없습니다. 기술을 개발하려면 막대한 돈을 투입해야 합니다. 돈이 권력인 것은 다 아는 사실인데, 돈을 투입한 권력은 또 다른 방법으로 사람들을 지배하려 할 것이 분명합니다. 얼마 전에 읽은 테드 창의 소설집에 실린 중편 〈일흔두 글자〉는 인구의 건전성을 확보한다는 미명 아래 생명 조작에 나서는 권력자들의 모습을 보여 주었습니다.[84] 그것이 소설적 허구에서만 가능한 것이 아니라 조만간 우리의 삶 속에서 벌어질 현실임을 생각할 때 두려운 마음이 들지 않을 수 없네요.

그리스어로 기술을 테크네^{techne}라고 하더군요. 철학자 하이데거는 기술이란 모든 존재자로 자신의 고유한 특성을 현출^{hervorbringen}하게 돕는 것이라고 말합니다. 닭이 알을 잘 낳도록 좋은 환경을 조성해 주고, 땅이 소산물을 잘 내도록 지심을 북돋워 주는 것이 기술이라는 것이지요. 그런 소박한 기술은 존재자들 간의 조화를 중시합니다. 그에

비해 근대 이후의 기술은 존재자들을 닦달하는herausfordern 과정입니다. 닭에게 성장 촉진제를 먹이고, 땅에는 화학 비료를 뿌려 대는 것이지요. 문제는 생산력 증대가 생동하는 생명을 위축시킨다는 것입니다. 문제도 많고 논란도 많지만, 과학은 제 갈 길을 가겠지요?

저는 이런 논란의 배후에 있는 우리 시대의 두려움을 보고 있습니다. 그것은 죽음에 대한 두려움입니다. 사람에게 확실한 것은 언젠가는 죽는다는 사실이고, 불확실한 것은 그것이 언제인지 모른다는 사실입니다. 생물학적 죽음은 인간이 영원히 극복할 수 없는 한계 상황입니다. 이것은 외면한다고 극복되는 것이 아닙니다. 그렇지만 과학은 그 죽음의 시간을 할 수 있는 한 연기하는 기술을 터득하려고 안간힘을 쓰고 있습니다.

처가와 뒷간은 멀수록 좋다는 옛말처럼, 사람들은 죽음을 되도록 멀리 떼어놓고 싶어 합니다. 그래서인가요? 죽음을 처리하는 과정까지도 자본이 관여합니다. 이제 사람들은 가족들의 장례조차 전문가에게 맡겨 버립니다. 울음소리도 들리지 않고, 시체에서 나는 퀴퀴한 냄새도 없습니다. 사람들은 주검을 깨끗하고 간단하게 처리하고 각자 삶의 자리로 돌아갑니다. 저는 죽음의 그늘을 말끔하게 걷어낸 후에 다가올 세상이 두렵습니다.

죽음이 있어 삶이 아름답다는 말을 하려면, 눈 흘김을 각오해야 합니다. 어느 정도 살아야 만족할 수 있는 것일까요? 삶이 결국은 미완성일 수밖에 없다는 사실에서 저는 오히려 안도감을 느낍니다. 하나님이 제게 주신 생명의 기회를 선용하면서 열심히 살아야 하지만, 때가 되면 결과와 관계없이 홀가분하게 손을 털고 갈 수 있다는 것, 이게 복 아닌가요? 죽음이라는 그늘을 제거해 버린 문화가 과연 건강한 것인지 저는 확신할 수가 없습니다.

잠시 발걸음을 멈추고

옛 선비들은 자제문自祭文을 지어놓고 살았다 합니다. 죽음을 의식하면서 거꾸로 어떻게 살아야 할지 물은 것이겠지요. 생명은 본래 무상한 존재에게 주어진 비상한 명령일 터입니다. 무상하기에 더욱 찬란한 것이겠고요. 꽃이 아름다운 건 한철 흐벅지게 피었다가 때가 되면 갈 곳으로 돌아가기 때문이 아니겠습니까? 이제는 정말 잘 살고 싶습니다. 오페라 작곡가 잔 카를로 메노티의 말이 제게 북소리처럼 들려옵니다.

신이 우리가 어쩌면 이룰 수도 있었을 모든 일과 우리가 허비해 버린 모든 재능을 우리에게 보여 줄 때, 지옥은 시작된다. … 내게 지옥의 의미는 '너무 늦었어'라는 두 단어에 담겨 있다.

어제 아침 아무도 없는 교회 사무실에 앉아 오지 않는 글을 기다리며 하염없이 앉아 있었습니다. 그런데 뒤켠으로 열린 문밖에서 까치가 껑충거리고 있었습니다. 고개를 빼고 가만히 내다보니, 조그마한 생쥐 한 마리를 쪼아 대고 있었습니다. 그 광경을 카메라에 담으려고 잠시 한눈을 판 사이에 까치는 생쥐를 물고 재빨리 담장 너머로 날아가 버렸습니다. 그야말로 삶과 죽음이, 유와 무가 지호지간이었습니다. 선생님의 책을 열어서 만난 젤린스키의 글로 인사를 대신합니다.

잠시 발걸음을 멈추고 생각해보라.

붉게 물든 석양을 바라볼 시간이 없을 정도로
바쁘게 살고 있지 않는가?
만일 그렇다면 생각을 바꾸어라.

가던 길을 멈추고 노을진 석양을 바라보며
감탄하기에 가장 적당한 순간은,

그럴 시간이 없다고 생각되는 그때이다.[85]

건강에 유의하시고, 산책길에서 얻는 일상의 보화를 잘
갈무리하십시오. 보고 듣는 모든 것을 영혼의 양식으로 삼
으시길 빌겠습니다.

영원의 문턱으로 데려가는
뱃사공

날이 무척 차갑습니다. 선생님이 이 편지를 받으실 때쯤이면 새해가 기적처럼 우리 앞에 당도해 있을지 모르겠습니다. 해가 바뀔 때마다 나누었던 인사를 드립니다. "새해에는 복되게 사십시오." 때로는 이 말이 너무 강박적인 것이 아닌가 싶어 꺼려지기도 하지만, 우리 삶을 곧추세우자는 다짐이 담겨 있다는 생각에 올해도 이런 인사를 건넵니다. 우리의 속사람이 달라지지 않는다면, 달력을 바꾸고 휴대전화 연락처를 정리한다고 시간이 새로워지겠습니까만, 그래도 새해는 설렘으로 다가옵니다. 반칠환의 시를 읽다가 혼자 웃었습니다.

황새는 날아서
말은 뛰어서
거북이는 걸어서

달팽이는 기어서

굼벵이는 굴렀는데

한날 한시 새해 첫날에 도착했다.

바위는 앉은 채로 도착해 있었다.[86]

사람들이 제아무리 빠름을 자랑하고, 남보다 앞서려고 좌충우돌해 보아야 새해 첫날에 도착하기는 마찬가지네요. 새해 첫날은 그래서 기적이군요. 새해 첫날만 그렇겠습니까? 우리가 살아가는 모든 날이 기적이지요. 앉은 채로 도착한 바위가 부럽지만, 그럴 근기가 없으니 굼벵이처럼 구르기라도 해야 할까 봅니다.

새해 교회 달력을 함께 보냅니다. 강원도 서강西江에 사는 어느 눈 맑은 분이 찍은 이슬 사진이 담겨 있습니다. 저는 영롱한 이슬방울에 비친 산과 강, 꽃망울을 보면서 모래 한 알 속에서 우주를 본다는 윌리엄 블레이크를 떠올리지 않을 수 없었습니다. 세상의 모든 것은 한 호흡으로 연결되어 있음을 사진은 잘 보여 주고 있었습니다. 나무의 호흡이 없다면 우리의 호흡은 불가능할 겁니다. 내 몸을 통과해 나간 호흡이 '너'의 몸으로 흘러들어 가 생명의 기운이 됩니다. 이천식천以天食天, 곧 생명은 생명을 먹고 사는 것입니다. 그렇다면 생명은 빚짐이고, 고마움이 그 본질일 겁니다. 너 없는 나 없고, 나 없는 너도 없습니다. 생명은 이처럼 인연의 끈으로 촘촘하게 엮여 있습니다. 이 사실을 망각한 것이 우리 시대의 불행입니다. 하이데거가 말한 '존재 망각'이란 결국 생명의 전체성에 대한 자각을 상실한 것이 아니겠습니까? 옛사람들은 수령이 오래된 나무 한 그루를 베어 내기 전에 도끼를 그 나무에 기대 놓고 술을 따라 제를 올렸다지요? 그것을 비이성의 마술 동산에 살던 이들의 어리석음으로 보는 사람은 정작 볼 눈이 없는 사람입니다.

사랑의 투쟁

선생님, 사람들은 삶을 보이지 않는 전선戰線으로 생각하는 것 같습니다. 그들은 늘 승리와 패배의 경계선에서 긴장한 채 살아갑니다. 비스듬히 기댄 채 살아가야 할 사람들이 무한 경쟁의 싸움터에서 대치하고 있습니다. 경쟁하면 승리자와 패배자가 갈리게 마련입니다. 세상은 승리자들에게는 눈길을 주지만 패배자들에게는 눈길을 주지 않습니다. 그렇기에 사람들은 살아남기 위해 안간힘을 다 씁니다. 이런 세상에서 행복은 신기루일 뿐입니다. 바깥세상에서는 전쟁이 벌어졌는데, 배 안에서 농구 경기를 즐기며

"괜찮아, 계속해. 우리는 타지 않아"라고 말하는 텔레비전 광고가 있습니다. 이런 세상은 있을 수 없습니다. '기껏해야 광고에 지나지 않아' 하고 스스로 위로하지만, 그 문구가 세태를 정확히 반영하는 것 같아 씁쓸합니다.

저도 세상은 보이지 않는 전선이라는 말에 동의합니다. 하지만 타인과의 싸움터라기보다는 자기 자신과의 싸움터입니다. 사람됨이 도전받는 세상이니 말입니다. 〈바가바드기타〉[87]의 첫 대목을 기억하시지요? 쿠루족과 판두족이 크루크세트라Kurukshetra 들판에서 대치하고 있습니다. 사람들은 그 들판을 '올바름의 들'이라고 부릅니다. 그 현장에서 판두족 장수 아르주나는 갈등에 빠집니다. 적이라고는 하나 쿠루족은 가까운 일가붙이들입니다. 그들의 모습을 보는 순간 그는 맥이 풀리고 맙니다. 그들을 죽이고 어떻게 행복할 수 있겠느냐면서 그는 전장에서 물러서려 합니다. 하지만 크리슈나는 아르주나에게 이상과 정의를 위해서는 고통과 죽음을 받아들이는 힘으로 압박자에 맞서 일어서야 한다고 말합니다. 아르주나가 아직 자기 개체에 집착하는 탓에 의로운 싸움을 외면하려 한다는 것입니다. 사람의 원수가 자기 가족 가운데 있다는 예수님의 말씀도 바로 이런 실존의 궁지를 가리키기 위한 것인지도 모르겠습니다.

새해에는 치열한 싸움꾼이 되고 싶습니다. 다른 이들과 싸우는 싸움꾼 말고 개체적 이익에 집착하고 안락을 구하는 나 자신에게 맞서 싸우는 싸움꾼 말입니다. 제가 이 길로 접어든 것은 그 싸움을 치열하게 하자는 것이었는데, 로터스를 먹은 오디세우스의 부하들처럼 가야 할 길을 잊어버린 채 안락에 잠겨 있었던 것입니다. '그런대로 괜찮은 사람'이라는 사람들의 헛된 평판에 안주한 제가 부끄럽습니다. 그리스 신화에 나오는 지혜의 여신 아테나는 제우스의 머리에서 뛰쳐나왔습니다. 아테나가 처음 한 행동은 전투였습니다. 지혜는 자기 속에서 솟아나는 오류와 거짓에 맞서 저항할 때 자랍니다. 맹렬하게 저항하지 않는 순간, 우리는 이미 그들의 손아귀에 투항한 셈입니다. 물론 이 싸움의 무기는 부드러움이어야 합니다. 야스퍼스가 말한 '사랑하는 투쟁liebende Kampf'이 뜻하는 바도 이런 게 아닐까 싶습니다. 치열하게 싸우면서도 스스로 경직되지 않기 위해서는 자꾸 원점으로 돌이키는 수밖에 없겠지요?

계산 없는 사랑

어제는 이미 지나간 것이고 내일은 아직 오지 않은 것이니 우리의 삶이란 지금 여기에서의 삶밖에는 없는 것 아닌가 싶습니다. 현재의 사람이 되고 싶습니다. 밥 먹을 때는 맛있게 먹고, 잠잘 때는 달게 자고, 일할 때는 신명 나게 일하고, 쉴 때는 마음 편히 쉬는 사람 말입니다. 내 삶이 지지부진을 면치 못할 때마다 떠올리는 이야기가 있습니다.

하시디즘의 한 신비가가 제자들과 함께 여행을 하고 있었답니다. 어느 여인숙에 도착한 그들은 그곳에서 하룻밤을 쉬고 아침을 맞이하게 되었습니다. 여인숙 주인이 와서 아침 식사와 함께 차를 대접했습니다. 그들이 차를 마시고 있을 때 갑자기 여인숙 주인이 황홀경에 빠져 그 신비가의 발아래 엎드려 울기도 하고 웃기도 했습니다. 제자들은 당황했습니다. 어떻게 이 사람이 스승을 알아볼 수 있을까 저마다 의아해했습니다. 그들은 그것을 비밀로 하고 있었기 때문입니다. 제자들은 걱정이 되어 서로 얼굴을 쳐다보았지만 아무도 그 사실을 발설한 사람은 없었습니다. 그때 스승이 말했습니다.

"당황하지 마라. 이 사람에게 직접 물어보아라. 아무도 그에게 비밀을 말해 주지 않았지만, 그는 나를 알아보았다."

그래서 그들은 여인숙 주인에게 물었습니다.

"우리 자신도 스승 밑에서 여러 해를 살아왔지만, 그가 진정한 스승인지 늘 의심해 왔답니다. 그런데 한낱 여인숙 주인에 불과한 당신이 어떻게 그를 알아보셨습니까?"

그러자 여인숙 주인이 말했습니다.

"나는 지금까지 수많은 사람에게 아침 식사와 차를 대접했습니다. 그리고 수백 명의 손님을 지켜보았습니다. 그러나 이분처럼 깊은 사랑을 가지고 찻잔을 바라보는 이를 본 적이 없습니다. 그러니 그를 알아볼 수밖에요. 그동안 온갖 종류의 사람들이 이곳을 거쳐 갔지만, 마치 연인을 바라보는 것처럼 깊은 사랑을 가지고 찻잔을 바라보는 사람은 본 적이 없답니다."[88]

마르틴 부버가 들려주는 이 아름다운 이야기는 산다는 것이 무엇인지를 우리에게 잘 보여 줍니다. 엊그제 저는 교인들에게 예수님께 '다음에'란 말은 없다고 말했습니다. 상황이 좋든 나쁘든 우리 앞에 있는 사람의 가슴에 생명의 싹을 틔워 주기 위해 애써야 합니다. 우리 앞에 있는 사람이 예수님께 가장 소중한 사람입니다. 사랑은 계산하지 않는 것이라고 말씀하셨지요? 그렇지요. 계산이 개입되는 순간 사랑은 변하게 마련입니다. 예수님은 계산 없이 사랑하는 분입니다. 또 그분은 우리를 그런 자리에 부르고 계십니다. 한마디로 혁명을 하자는 것이지요. 돌아가신 장일순 선생은 "혁명이란 따뜻하게 보듬어 안는 것"이라고 하셨는데, 이 말처럼 예수님의 삶을 잘 요약한 것을 보지 못했습니다.

찻잔조차도 연인을 바라보는 것처럼 깊은 사랑을 가지고 바라보는 하시디즘 신비가의 눈으로 세상을 본다면 세상은 신비 그 자체일 것입니다. 해야 할 중요한 일이 따로 있고 소홀히 해도 좋은 일이 따로 있는 것이 아니겠지요? 새해에는 사소해 보이고 일상적인 일들에 더욱 공을 들여야겠다고 다짐합니다. 그것이야말로 저를 영원의 문턱으로 데려가는 뱃사공일 터이니 말입니다.

자신의 자리에서

오늘 아내와 함께 가까운 산에 올랐다가 집 가까이에 있는 중국집에 들어가 저녁을 먹었습니다. 얼마 전 신문에 소개된 곳이어서 꼭 한번 들러보고 싶었던 곳입니다. 미식가가 못 되는 사람이 웬일인가 싶으시지요? 사실, 맛있는 음식을 탐하여 그곳에 갔던 것은 아닙니다. 고집스럽게 자기 원칙을 지키며 살아가는 소박한 시민을 보고 싶었을 따름입니다. 그는 투자할 테니 가게를 확장하자는 돈 많은 이들의 제안을 일언지하에 거절했다고 합니다. 손님이 많아지면 기계로 뽑은 면을 슬쩍 섞게 된다는 것이 그 이유입니다. 모자가 벗겨질 정도로 세찬 바람이 부는 추운 겨울날, 이게 무슨 청승인가 하면서도 가게를 찾은 이유를 아시겠지요? 가게 문에는 이런 글귀가 붙어 있었습니다. "지구촌에 살고 있는 어떤 사람이라도 단 한 그릇 먹어 보고 눈물을 흘려 줄 음식을 내 혼신의 힘을 다하여 만들고 싶다. 21세기가 기다리고 있기에…. 1988년 10월. 이문길." 빙그레 웃으며 가게 문을 열고 들어서니 제 나이 또래의 중늙은이 한 사람이 식탁에 앉아 뭔가를 쓰고 있다가 반겨 주더군요. 초면이었지만 대뜸 물었습니다.

"뭘 하고 계세요?"

"예, 초등학생들이 보내온 편지에 답장을 쓰고 있어요."

"학생들이 편지도 보내나 보네요."

"글쎄, 저도 27년 전 군대에서 받아 본 위문편지 후로는 이런 편지를 처음 받아 봐요."

"아이들이 뭐라고 썼어요?"

"한번 보세요."

그분이 내미는 편지 몇 장을 받아 들고 눈으로 살폈습니다. 초등학교 저학년 학생임이 분명한 한 아이는 기계로 뽑아도 자장면은 맛있는데, 왜 아저씨가 수고스럽게 손으로 면을 뽑는지 잘 모르겠지만, 그래도 그게 좋으면 그렇게 하시라며, 술과 안주를 팔지 않는 것은 참 잘하는 일이라고 점잖게 말했습니다. 다른 아이는 "아저씨와 아주머니가 가끔 다투기도 하신다지요? 두 분이 싸운다는 사실이 신문에까지 나오면 조금 창피하니까 앞으로는 싸우지 마세요" 하고 충고한 후에 한 가지 훈계까지 덧붙이더군요. "싸울 때 싸우더라도 먼저 양보하는 사람이 사실은 이기는 사람임을 잊지 마세요." 제가 맹랑한 충고들에 감탄하며 편지를 돌려주자 아저씨는 혼잣소리처럼 말하더군요. "아이들이 어른의 스승이에요."

우리가 자장면을 먹는 동안 아저씨는 옆 테이블에 앉아 진지한 표정으로 답장을 쓰고 있었습니다. 음식을 다 먹고 나서도 그분의 글쓰기를 방해하지 않으려고 조용히 앉아 있었습니다. 그분이 성사를 집례하는 사제처럼 엄숙했기 때문입니다. 마침내 편지 쓰기를 마쳤을 때 호기심을 참지 못하고 물었습니다. "싸우지 말라는 아이에게 뭐라고 쓰셨어요?" 그분은 또다시 편지를 제게 내밀었습니다. 고마운 충고 잘 받겠다, 자장면 아저씨는 자장면을 잘 만들기 위해 노력할 테니 학생은 열심히 공부해서 나라를 빛내라, 라는 내용이었습니다. 소박하지만 가슴 뭉클한 내용 아닌가요? 아저씨의 답장에는 유교가 말하는 정명正名 사상이 반영된 것 같았습니다. 공동체의 각 구성원이 자기에게 주어진 명칭에 따라 고유한 권한과 책무를 제대로 이행해야 바른 세상이 열릴 것입니다.

공들여 가다듬는 수고

공자는 아버지는 아버지답고, 자식은 자식답고, 임금은 임금답고, 신하는 신하다운 사회를 꿈꾸었습니다. 국어사전을 찾아보니 '-답다'라는 접미사는 "일부 체언 밑에 붙어서, 그 체언이 지니는 성질이나 특성을 가지고 있다는 뜻의 형용사를 만드는 말"이라고 설명하더군요. 사실 세상의 혼란은 '이름'에 대한 이해가 저마다 다른 데 있는 것이 현실입니다. 사람들은 어떤 직책을 특권으로 받아들이려는 경향이 강합니다. 공항의 귀빈실로 안내하지 않는다고 호통을 치는 국회의원이나 모임에서 자기에게 축사도 시키지 않는다고 선배 얼굴에 맥주를 끼얹은 국회의원에 관한 보도를 본 적이 있습니다.

자기는 특별하다는 생각이야말로 사탄의 올무가 아닌지 모르겠습니다. 겸손해 보이던 성직자가 보라색 셔츠를 입은 감독이 되자 거드름 피우듯 말하는 모습을 보며 높은 자리가 자칫하면 영혼의 무덤이 될 수도 있겠다는 생각을 했습니다. 예수님은 "많이 받은 사람에게는 많은 것을 요구하고, 많이 맡긴 사람에게는 많은 것을 요구한다"(눅 12:48)라고 하셨습니다. 자리를 탐하는 이들은 이 말씀을 미간에 붙이고 살아야 할 것 같습니다.

새해가 된다고 세상이 새로워질 것 같지는 않습니다. 그렇다고 맥을 놓은 채 살 수는 없습니다. 어떤 희망을 향해 '예'라고 말하지 않는다면, 우리 마음이 더욱 어두워질 테니 말입니다. 파란 녹이 낀 구리거울을 밤이면 밤마다 "손바닥으로 발바닥으로 닦아보자"라고 노래했던 윤동주처럼 우리 영혼에 끼어든 허영심을 닦아야지요. 노벨 문학상 수상 작가인 오에 겐자부로는 자기의 글쓰기를 'elaboration'이라는 영어 단어로 요약했습니다. '정교화'로 번역할 수 있는 이 단어는 '밖을 향해'라는 뜻의 'e-'와 '활동한다, 만들어 낸다'는 뜻의 'labor'를 결합한 것입니다. 오에 겐자부로는 그것을 노작勞作이라고 옮기기를 원합니다. 그는 글뿐만 아니라 인격도 'elaboration'을 통해 최고에 이르러야 한다고 말합니다. 우리의 삶의 태도와 방식을 돌아보며 공들여 가다듬는 수고를 하지 않고는 새사람이 될 수 없을 터입니다.

삶의 핵심은 미시적인 현실에 있는 것이라지요? 가까이에 있는 이들을 소홀히 대하면서 큰일을 꿈꾸는 이가 있다면 그는 몽상가이거나 매우 위험한 사람입니다. 도스토옙스키는 《미성년》에서 기독교인들은 온 세상 사람은 사랑하지만 정작 가장 가까이 있는 이들은 사랑하지 못한다고 썼습니다. 가까이 있는 이들을 사랑하기 위해서는 불편을 감내해야 하고, 마주침에서 비롯되는 감정적 일렁임을 다스릴 수 있는 역량이 필요하기에 사람들은 사랑을 회피합니다. 하지만 사랑을 회피하고는 사람이라 할 수 없지요. 사랑은 사람됨의 핵심이고 '사람됨being human'을 포기하고는 '사람human being'이 될 수 없으니 말입니다.

새해에는 선생님도 이웃들의 삶의 자리에 다가설 수 있으면 좋겠습니다. 땀 내음이 배어 있고, 욕망의 숨결이 거친 그곳에서 생의 보화를 건질 수도 있으니 말입니다. 저도 이름값을 하며 살기 위해 애쓰겠습니다. 부득이하게 받아들일 수밖에 없었던 이름에 걸맞게 살려고 애쓰다 보면 비애가 깊어질까요, 아니면 기쁨이 찾아올까요? 둘 다일 가능성이 크지만, 이제 어느 것도 회피하지 않으렵니다. 먼 곳에 계시지만 늘 든든합니다. 마음을 나눌 벗이 있다는 사실이 참 행복합니다. 다시 한 번 '복된 삶'을 기원합니다.

걷기 위한 길,
걸어야 할 길

며칠 전 50대 장년의 아들을 잃고 넋이 나간 한 할머니를 찾아뵈었습니다. 제대로 사람 구실도 못 하고 세상을 떠난 아들이 불쌍해 어머니는 자꾸 눈시울을 닦았습니다. 허공을 더듬는 눈길이 마치 불길 속으로 들어간 아들의 아픔을 헤아리는 것 같았습니다. 그 눈길을 마주하기가 어려워 애꿎은 방바닥만 바라봤습니다. 어느 순간 80대 할머니는 두서없는 말을 쏟아 내기 시작했습니다. 가난한 집에 시집와서 별별 고생을 다 한 이야기, 서울이라는 도시에 대한 기억, 은혜를 모르는 이들에 대한 원망의 말도 있었습니다. 저는 다만 고개를 주억거리면서 그 말씀을 들어드렸습니다. 그 시간은 할머니가 마음의 상처를 스스로 치유하는 시간이었기 때문입니다. 서술된 기억의 시간은 가끔 우리를 지탱해 주는 힘이 되어 주니까요.

그래서일까요? 어느 순간 할머니 표정이 밝아졌습니다.

그러면서 화초 이야기를 하셨습니다. 병원에서 여러 날을 보내고 장례까지 마친 후에 집에 돌아왔지만, 맞아주는 이 하나 없는 집이 괴괴하기 이를 데 없었답니다. 더는 울 수도 없고 먹을 수도 없어서 자리를 펴고 누웠습니다. 가까운 학교에서 들려오는 아이들의 목소리도 비현실적으로 들렸습니다. 너무나 오랜 세월 살아온 집이 그렇게 낯설게 보일 수가 없었다는군요. 그런데 갑자기 장독대의 화초가 생각났답니다. 기다시피 창고 꼭대기에 있는 장독대에 올라가 보니 물기 없는 화분 속에서 화초가 축 늘어져 있었습니다. 절로 탄식이 나왔습니다. "너나 나나 무슨 죄가 이리도 많아 목이 마르냐?" 할머니는 화초에 흠뻑 물을 주고 장독대에서 내려오셨습니다. 올라갈 때보다 한결 기운이 생긴 채로요.

할머니의 말씀이 지금도 귀에 생생합니다. 마치 십자가에 달리신 주님의 말씀을 듣는 듯했기 때문입니다. "목마르다"(요 19:28). 세상에는 목마른 이들이 얼마나 많습니까? 병원에 갈 때마다 온 세상 사람이 다 앓고 있는 것은 아닌가 하는 생각이 듭니다. 중병을 앓는 사람들의 눈빛은 맑아서 슬픕니다. 중병이 그들에게서 세상 욕심을 거두어 간 것일까요? 다 그런 것은 아니지만 고통을 많이 겪은 사람일수록 인간미가 넘칩니다. 어려운 이웃들에게 내미는 그들의 손은 다사롭습니다.

날이 갈수록 큰일보다는 작은 것들에 눈길이 갑니다. 예수님은 들꽃 한 송이 앞에 멈추어 서고, 하늘을 나는 새의 비상을 경이에 찬 눈빛으로 바라보십니다. 그 속에서 하나님의 현존을 경험하기 때문입니다. 그분에게 세상의 모든 것은 하나님의 현존을 가리키는 성사의 매체입니다. 가난한 이들의 노동도, 사람들의 소박한 식탁도, 병자들의 침상도 하늘을 가리키지 않는 것은 없습니다. "그는 자기도 연약함에 휘말려 있으므로, 그릇된 길을 가는 무지한 사람들을 너그러이 대할 수 있습니다"(히 5:2). 엔도 슈사쿠는 이런 예수님께 매료당한 것 같습니다.

때로 예수님은 무력해 보입니다. 하지만 그분은 인간의 조건 속에서 인간을 사랑하십니다. 의례화된 종교보다 더 중요한 것은 동료가 되는 것입니다. 몇 해 전 로마의 칼릭스투스 카타콤에서 본 선한 목자 예수상이 머리에서 지워지지 않습니다. 잃어버린 양 한 마리를 찾아 목에 매고 돌아오는 목자, 그분은 지금도 길 잃은 누군가를 찾아 헤매고 다니십니다. 하지만 콘스탄티누스 황제의 밀라노 칙령 이후 교회는 지상으로 올라왔고, 예수님은 초월적인 모습으로 단장되기 시작했습니다. 작은 색유리와 테세라로 정교하게 만든 모자이크 속에서 예수님은 초월적인 눈과 후

광을 가진 범접할 수 없는 분으로 고정되었습니다. 비잔틴 시대를 거치면서 예수님은 교회당 가장 높은 곳에 있는 궁륭에서 세상을 굽어보게 되었습니다. 복음서에서 가슴 벅차게 만났던 소박한 예수님은 어디로 간 것일까요? 카타콤에 숨어 자기들을 닮은 수염조차 없는 예수를 그렸던 초대교인들의 마음이 큰 울림이 되어 다가옵니다.

이제 '그 길'은 걷기 위한 길이 아니라 바라보고 찬탄하고 경배하기 위한 길이 된 것인가요? 예수님은 남자와 여자, 유대인과 이방인, 죄인과 의인을 가로지르며 소통의 다리를 놓았고, 십자가의 죽음을 통해 삶과 죽음을 가로지르는 길을 열었습니다. 하지만 교권주의자들에게 사로잡힌 예수는 오히려 장벽이 되어 사람들을 가르고 있습니다. '저 죄악 세상'과 '구원의 방주'를 대비하는 기도 소리를 들을 때마다 예수님의 외로움과 상실감을 헤아리지 않을 수 없습니다. 벽을 무너뜨리러 오신 예수님이 벽을 쌓는 분으로 인식되는 현실이 두렵기만 합니다.

이스라엘 도처에 세워진 분리의 장벽을 보셨는지요? 몇 해 전, 멀리서 그 장벽을 바라보다가 가슴에 납덩이가 내려앉는 것을 느꼈습니다. 그런데 하필 그때 유대 광야 저편에 무지개가 떠올랐습니다. 이게 무슨 아이러니란 말입니까? 이스라엘 사람들은 그 장벽이 팔레스타인 지역에 사는 이스라엘 정착촌 사람들을 보호하려는 조처라고 강변하지만, 그것이 얼마나 기만적인지는 이스라엘 당국자들만 빼고 다 압니다. 머잖아 장벽들은 팔레스타인 사회를 해체해 각 마을을 세상에서 제일 큰 감옥으로 바꾸고 말 것입니다. 그 장벽은 팔레스타인 사람들 가슴에 그어진 칼 금입니다. 제 가슴이 이토록 떨리는데 자기 땅에서 난민처럼 살아가야 하는 이들이야 말해 무엇 하겠습니까?

그런데 놀라운 일이 벌어지기 시작했습니다. 높이 세워진 장벽에 사람들이 그림을 그리기 시작한 것입니다. 억압의 시절을 살아가는 이들이 자기들도 살아갈 권리가 있음을 드러내기 위해 사용하는 전략은 풍자라지요? 장벽은 캔버스가 되었고 캔버스는 장벽 저편의 세상을 보여 주고 있었습니다. 창문 저편에는 흰 눈을 머리에 인 산봉우리가 아스라이 보이고, 눈앞에는 신록이 우거진 산이 파노라마처럼 펼쳐집니다. 즐겁게 뛰노는 아이들도 보입니다. 붉은 대지와 흰 구름이 대조를 이루기도 합니다. 이것은 억압받는 자들이 꾸는 꿈입니다. 그들은 장벽 너머로 상상력을 넓혀 갇힘을 거절하고 있습니다. 스스로 예속되지 않고는 누구도 우리를 묶을 수 없습니다. 장벽에 그린 벽화와 낙서에 관한 다큐멘터리에서 본 것이라며 바쉬르 샬라쉬가 들려준 이야기가 기억납니다. 한 장면에서 인터뷰하는 사람이 물었습니다. "이스라엘이 이 장벽을 세우는 진짜 이유가 뭐라고 생각합니까?" 응답자가 웃으며 대답했습니다. "우리더러 날아보라고!" 자기 연민이나 격정에 사로잡히지 않으면서 자기 처지를 웃음으로 바꿀 수 있는 사람이 강자입니다. 먼 길을 걸으려면 그런 여유가 필요합니다.

아직 세상에는 막힌 길이 많습니다. 하지만 길은 있습니다. 지레 포기하지만 않는다면 길은 반드시 스스로 자신을 드러냅니다. 아니 스스로 길이 된다면 못 갈 곳이 어디겠습니까? 지천명의 나이가 지났음에도 여전히 길 위에서 방황하는 제가 부끄럽기는 하지만, 가야 할 길이 있기에 신발 끈을 고쳐 매지 않을 수 없습니다. 꽤 오랫동안 두서없는 글을 썼습니다. 이제는 잠시 숨을 고르고 다음에 내디딜 길을 가늠해 보아야 하겠습니다. 늘 좋은 동행이 되어 주셔서 감사합니다. 우리 앞에 당도한 삶의 재료가 무엇이든 그것을 맑고 곱게 빚어 사랑하는 이에게 바치고 싶습니다. 끝으로 반칠환의 〈시치미〉라는 시를 읽고 싶습니다.

저 해맑은 거짓말 좀 보게나
치악산 능선마다
새똥, 곰똥, 달팽이 오줌
다 씻어내린 계곡물이 맑다[89]

1. 김사인, 〈아무도 모른다〉,《가만히 좋아하는》, 창비, 2006.

2. 구상, 〈은총에 눈을 뜨니〉,《구상》, 문학사상사, 2002.

3. 베르나르 올리비에, 임수현·고정아 옮김,《나는 걷는다》, 효형출판, 2004.

4. 엔도 슈사쿠, 고계영·박소연 옮김,《사해의 호반》, 청노루, 1988.

5. 오규원, 〈만물은 흔들리면서〉,《사랑의 기교》, 민음사, 1975.

6. 신동엽, 〈봄은〉,《신동엽 시전집》, 창비, 2013.

7. 이문구,《관촌수필》, 문학과지성사, 1977.

8. 노평구 엮음,《김교신 전집 2: 신앙론》, 부키, 2001.

9. 문한별, "눈 뜨고 기도하라", 〈한겨레〉, 2004. 11. 25.

10. 작자 미상, 〈나비야 청산가자〉, 하응백,《창악집성》, 휴먼앤북스, 2011.

11. 모리스 버만, 심현식 옮김,《미국 문화의 몰락》, 황금가지, 2002.

12. 문익환, 〈꿈을 비는 마음〉,《꿈을 비는 마음》, 실천문학사, 1992.

13. 송기숙,《마을, 그 아름다운 공화국》, 화남출판사, 2005.

14. 김선우, "새만금에도 봄이 올까", 〈한겨레〉, 2006. 03. 02.

15. 임정훈, "평화란 황새울 들녘이 푸른 생명으로 출렁이는 것", 〈오마이뉴스〉, 2006. 02. 12.

16. 정현종, 〈요격시1〉, 《한 꽃송이》, 문학과지성사, 1992.

17. 칼릴 지브란, 이경하 옮김, 《반항하는 정신》, 당그래, 1991.

18. 송기숙, 앞의 책.

19. 칼릴 지브란, 강은교 옮김, 《예언자》, 문예출판사, 2013.

20. 김남기, 〈그때 왜〉, 류시화, 《사랑하라 한번도 상처받지 않은 것처럼》, 오래된미래, 2008.

21. Idries Shah, *Nasrudin*.

22. 이해인, 〈상사화〉, 《이해인 시선집1》, 문학사상, 2013.

23. 니코스 카잔차키스, 이윤기 옮김, 《그리스인 조르바》, 열린책들, 2009.

24. 엘리 위젤의 1986년 노벨평화상 수상 연설.

25. 김수영, 〈거대한 뿌리〉, 《거대한 뿌리》, 민음사, 1995.

26. 칼 W. 언스트, 《무함마드를 따라서》, 심산, 2005.

27. 엘리 위젤의 1986년 노벨평화상 수상 연설.

28. 함석헌, 〈참〉, 《민족의 큰 사상가 함석헌 선생》, 한길사, 2001.

29. 이외수, 《내가 너를 향해 흔들리는 순간》, 해냄, 2008.

30. 유의경, 《세설신어》, 명문당, 2006.

31. 허수경, 〈청년과 함께 이 저녁〉, 《혼자 가는 먼 집》, 문학과지성사, 1992.

32. 안드레이 타르코프스키, 김창우 옮김, 《타르코프스키의 순교 일

기》, 두레, 1997.

33. 투키디데스, 박광순 옮김, 《펠로폰네소스 전쟁사》, 범우, 2011.

34. 움베르토 에코, 이세욱 옮김, 《세상의 바보들에게 웃으면서 화내는 방법》, 열린책들, 2009.

35. 사마천, 김원중 옮김, 《사기열전》, 민음사, 2015.

36. Robert Frager, James Fadiman, et al., *Essential Sufism*, HarperOne, 1999.

37. 플라톤, 박종현 옮김, 《국가·정체》, 서광사, 1997.

38. 칼릴 지브란, 이경하 옮김, 《반항하는 정신》, 당그래, 1991.

39. 파블로 네루다, 〈망각은 없다〉, 정현종 옮김, 《네루다 시선》, 민음사, 2017.

40. 박지원, 김혈조 옮김, 《열하일기》, 돌베개, 2017.

41. 한비야, 《중국 견문록》, 푸른숲, 2006.

42. 엔도 슈사쿠, 앞의 책.

43. 앞의 책.

44. 김수우, 〈저력〉, 《붉은 사하라》, 애지, 2005.

45. 마울라나 젤랄렛딘 루미, 〈여인숙〉, 이현주 옮김, 《루미시초》, 늘봄, 2014.

46. 프리드리히 니체, 임수길 옮김, 《반시대적 고찰》, 청하, 1982.

47. 헨리 데이빗 소로우, 류시화 옮김, 《구도자에게 보낸 편지》, 오래된미래, 2005.

48. 정진규, 〈몸詩·14〉, 《별들의 바탕은 어둠이 마땅하다》, 문학세계사, 1990.

49. 박태원,《천변풍경》, 문학과지성사, 2005.

50. 장 폴 사르트르,《더러운 손》, 연극과인간, 2020.

51. 유동식전집 간행위원회,《소금 유동식 전집 8: 풍류신학 II》, 한들 출판사, 2009.

52. 황지우, "근대적인 것의 붉은 반점: 한국 현대시의 리터러시, 기능, 양식",〈서울국제문학포럼〉의 발제문, 2005.

53. 엔도 슈사쿠, 앞의 책.

54. 리처드 바크, 이은희 옮김,《환상》, 한숲출판사, 2003.

55. 시몬 비젠탈, 박중서 옮김,《해바라기》, 뜨인돌출판사, 2005.

56. 플라톤·아리스토텔레스, 최명관 옮김,《향연·파이돈·니코마코스 윤리학》, 을유문화사, 1994.

57. 니코스 카잔차키스, 안정효 옮김,《전쟁과 신부》, 열린책들, 2008.

58. 열자,《열자》, 천서편 07. 영계기삼락.

59. 천상병,〈새〉,《천상병은 천상 시인이다》, 오상출판사, 1984.

60. 함석헌,〈마음에 부치는 노래〉,《함석헌전집 6: 시집 수평선 너머》, 한길사, 1983.

61. 테드 창, 김상훈 옮김,《당신 인생의 이야기》, 행복한책읽기, 2004.

62. 노자,《도덕경》41장.

63. 존 디어,《살아 있는 평화》, 생활성서사, 2004.

64. 김홍호,《양명학 공부》, 솔, 1999.

65. Reinhold Niebuhr, "Serenity Prayer." 민영진 박사의 번역을 인용했다.

66. 칼릴 지브란, 강은교 옮김,《예언자》, 문예출판사, 2013.

67. 빠블로 네루다, 〈산보〉, 민용태 옮김,《마추삐추의 山頂》, 열음사, 1986.

68. 김수영, 앞의 글.

69. 노자,《도덕경》, 59장.

70. 김지하, 〈틈〉,《꽃과 그늘》, 실천문학사, 1999.

71. 마종기, 〈겨울 기도1〉,《그 나라 하늘빛》, 문학과지성사, 2014.

72. 정약용, 박석무 옮김,《유배지에서 보낸 편지》, 창비, 2019.

73. 정약용, 민족문화추진회 편역,《다산문선》, 솔, 1997.

74. 김달진,《산거일기》, 문학동네, 2012.

75. 표도르 미하일로비치 도스또예프스끼, 이덕형 옮김,《죽음의 집의 기록》, 열린책들, 2010.

76. 표도르 미하일로비치 도스또예프스끼, 계동준 옮김,《지하로부터의 수기》, 열린책들, 2010.

77. 니코스 카잔치키스, 이윤기 옮김,《미칼레스 대장》, 고려원, 1983.

78. 이상, 〈거울〉,《이상 시집》, 스타북스, 2017.

79. 이문재, 〈저녁 산책〉,《산책시편》, 민음사, 2007.

80. 헤로도토스, 박광순 옮김,《헤로도토스 역사》, 범우사, 1987.

81. 이문재, 앞의 글.

82. T. S. 엘리엇, 황동규 옮김,《황무지》, 민음사, 1987.

83. 이형기, 〈낙화〉,《낙화》, 시인생각, 2013.

84. 테드 창, 앞의 책.

85. 어니 J. 젤린스키, 〈느리게 사는 즐거움〉. 다음 책에서 재인용했다.

정수복·장미란,《바다로 간 게으름뱅이》, 동아일보사, 2001.

86. 반칠환, 〈새해 첫 기적〉,《웃음의 힘》, 시와시학사, 2005.

87. 힌두 문헌에 나오는 서사시로 '신의 노래'라는 뜻이다.

88. 마르틴 부버, 남정길 옮김,《하시디즘과 현대인》, 현대사상사, 1994.

89. 반칠환, 〈시치미〉,《웃음의 힘》, 시와시학사, 2005.

걷기 위한 길, 걸어야 할 길

김기석 지음

2020년 9월 11일 초판 1쇄 발행

펴낸이 김도완
등록 제406-2017-000014호(2017년 2월 1일)

전화 031-955-3183
전자우편 viator@homoviator.co.kr

편집 이은진
제작 제이오
제본 (주)정문바인텍

ISBN 979-11-88255-65-8 03230

펴낸곳 비아토르
주소 경기도 파주시 문발로 197 102호
　　　(우편번호 10881)
팩스 031-955-3187

디자인 임현주
인쇄 (주)민언프린텍

저작권자 ⓒ 김기석, 2020